Este livro pertence a

_____

quatro ventos

TINTA, PAPEL & ELE

Devocional escrito e desenhado por
ZOE LILLY

Editora Quatro Ventos
Avenida Pirajussara, 5171
(11) 99232-4832

Diretor executivo: Raphael T. L. Koga
Editora-chefe: Sarah Lucchini
Coordenação do projeto: Ariela Lira
Equipe Editorial:
Paula de Luna
Revisão: Eliane Viza B. Barreto
Diagramação: Vivian De Luna
Ilustração: Zoe Lilly
Capa: Vinícius Lira
Esta capa foi produzida com uma obra de Zoe Lilly.

Todos os direitos deste livro são reservados pela Editora Quatro Ventos.

Proibida a reprodução por quaisquer meios, salvo em breves citações, com indicação da fonte.

Todas as citações bíblicas e de terceiros foram adaptadas segundo o Acordo Ortográfico da Língua Portuguesa, assinado em 1990, em vigor desde janeiro de 2009.

Todo o conteúdo aqui publicado é de inteira responsabilidade da autora.

Todas as citações bíblicas foram extraídas da Almeida Corrigida Fiel, salvo indicação em contrário.

Citações extraídas do site *https://www.bibliaonline.com.br/acf*. Acesso em novembro de 2019.

1ª Edição: novembro 2020
3ª Reimpressão: setembro 2023

Ficha catalográfica elaborada por Cibele Maria Dias - CRB-8/9427

Lilly, Zoe

Tinta, papel e ele / devocional escrito e desenhado por Zoe Lilly. --
São Paulo : Editora Quatro Ventos, 2020.
160 p.

ISBN: 978-65-86261-73-8

1. Bíblia - Meditações 2. Deus 3. Devoções diárias
4. Vida cristã I. Título.

20-45667
CDD-242.2

SUMÁRIO

Introdução 7
Dia 1 Despertador 9
Dia 2 Olhos abertos 14
Dia 3 Ficando em pé 19
Dia 4 Histórias não resolvidas 24
Dia 5 Limpeza geral 29
Dia 6 Abrindo o presente 34
Dia 7 Olhando no espelho 39
Dia 8 Nova identidade 44
Dia 9 Afinando o discernimento 49
Dia 10 Filtrando o bem 54
Dia 11 Óculos embaçados 59
Dia 12 Escolhas sábias 64
Dia 13 Seguindo a nuvem 69
Dia 14 Correndo o risco 74
Dia 15 Plantando no escuro 79

Dia 16 Obediência radical **84**

Dia 17 O preço alto **89**

Dia 18 Um "muito obrigado" **94**

Dia 19 Sacrifício voluntário **99**

Dia 20 Contendo a Sua presença **104**

Dia 21 Debaixo da superfície **109**

Dia 22 Casa arrumada **114**

Dia 23 Antiaderente **119**

Dia 24 Setenta vezes sete **124**

Dia 25 Regando a grama **129**

Dia 26 De grão em grão **134**

Dia 27 Enraizado **139**

Dia 28 No deserto **144**

Dia 29 Pão fresco **149**

Dia 30 Fonte inesgotável **154**

INTRODUÇÃO

Olá, caro leitor!

Fico feliz por você estar segurando este devocional em suas mãos! Antes de começar, gostaria de passar algumas instruções para que você consiga aproveitar este livro o máximo possível.

Estas páginas contêm 30 devocionais, que podem ser feitos em um mês ou como você bem preferir. Eles são uma ferramenta que, além de auxiliar sua jornada pessoal de intimidade com Deus, conta com muitos conceitos simplificados a respeito deste processo.

Muitos acreditam que a intimidade com o Senhor é algo inatingível ou que tem acesso limitado para algumas pessoas mais "especiais", mas quero lembrá-lo de que, quando Jesus morreu na cruz por nós, Ele abriu o caminho para TODOS. Qualquer um pode experimentar novos níveis de relacionamento com Cristo, novos lugares em Seu coração e, assim, desfrutar de um amor incondicional. Que tal receber desse amor sem medida? Que tal mergulhar nesse novo tempo em sua vida?

Os capítulos foram separados em "dias", e contêm uma ou mais **passagens bíblicas** que devem ser lidas ANTES de começar o devocional. Por isso, tenha sempre uma Bíblia com você ao iniciar a leitura deste livro. Após os trechos bíblicos, **leia o texto** com calma e reflita. Ao final de cada devocional, você encontrará **uma oração**, que, de preferência, deve ser feita em voz audível e absolutamente expressa de todo o coração.

Além disso, cada um dos dias traz uma **ilustração** para colorir, preencher ou deixar do jeito que você quiser! Esse é o espaço para personalizar o livro e a sua caminhada! Seja livre. Você é o protagonista da sua vida, juntamente com o melhor amigo de todos: Jesus.

Espero que cada página fale ao seu coração e que o leve para mais perto de Sua presença. Foi uma experiência muito especial para mim poder compartilhar tudo isso com você.

Por fim, lembre-se: esses 30 dias de devocional não são um fim em si mesmo, mas um início que servirá de inspiração para a sua jornada individual com Jesus Cristo no LUGAR SECRETO.

Com carinho,
Zoe Lilly

Dia 1

DESPERTADOR

Leia: Isaías 52.1-3 e Romanos 13.11-14

Acordar cedo sempre fez parte da minha rotina, pois estudava muito longe da minha casa e precisávamos pegar o ônibus muito cedo para ir para a escola. Foram tantos anos assim, que acordar cedo se tornou parte do meu relógio biológico; tanto que, hoje, acordo sem despertador quase todos os dias. Sou naturalmente uma "pessoa da manhã", o que significa que levanto com uma superdisposição e bom humor. Fisicamente pode parecer que as "pessoas da manhã" são mais disciplinadas, mas nem sempre isso é verdade, pois cada um tem um pico de energia diferente ao longo do seu dia. Por outro lado, uma coisa é certa: gostando ou não, todos, em algum momento da vida, precisaram de um despertador.

Em nosso despertar espiritual não é diferente, já que ele não acontece de forma sonora, mas geralmente precisa ser "programado" de livre e espontânea vontade. Existem fases em nossa vida em que, de tanto estarmos em comunhão com o Espírito

Santo, torna-se natural ao nosso espírito estarmos despertados. Em outras fases, ficamos adormecidos por tanto tempo, que mal reconhecemos a voz do nosso bom Pastor. Uma vida despertada pelo Espírito de Deus é uma vida cheia da Sua presença, em que conseguimos senti-lO, ouvi-lO e reconhecê-lO de maneira clara e abundante.

Muitos estão adormecidos, pois deixaram de lado a habitação em Sua presença. Salmos 91 diz que: "Aquele que habita no esconderijo do Altíssimo [...] descansará" (v. 1 - ARC). Ou seja, aquele que está sempre na presença de Deus consegue descansar, e pessoas descansadas conseguem despertar a qualquer momento. Elas sabem o momento para descansar debaixo das asas de Deus, e também o instante de despertar e andar no Espírito.

O que nos adormece é o pecado, que vem das formas mais sutis possíveis, como a reclamação, a negatividade, a ingratidão, quando ignoramos a nossa consciência, a falta de perdão, a maledicência, a inveja, a duplicidade e pecados escondidos que parecem não afetar ninguém, mas que nos corroem por dentro. Tudo isso adormece o nosso espírito para que não experimentemos mais da gloriosa presença de Jesus.

A maneira mais simples de sermos despertados é pela oração; é quando pedimos com sinceridade que o Senhor nos lave e desperte o nosso coração para amá-lO cada vez mais. A outra maneira de sermos despertados é pelo arrependimento de estarmos adormecidos, também pelas dificuldades, incredulidade e cansaço, quando as coisas deste mundo acabam se tornando mais importantes que o coração do Pai.

Que hoje o seu coração seja despertado como ele foi quando você conheceu a Cristo pela primeira vez, e as lágrimas de alegria e gratidão escorreram pelo seu rosto; quando nada mais importava a não ser estar ali com Ele. Que neste dia o despertador espiritual soe mais alto que todos os outros barulhos em nossa vida, fazendo com que nos levantemos, saiamos da nossa cama de emaranhados terrenos e passageiros, e vivamos a vida abundante que nos foi prometida.

É tempo de despertar. É tempo de abrir a janela e ver o que Deus reservou para você. É tempo de deixar de lado todo peso e voltar ao primeiro amor.

Senhor Deus, desperta o meu coração para Te amar cada vez mais. Lava a minha vida de tudo que tem me adormecido. Peço perdão por estar dormindo por tanto tempo. Quero viver cheio(a) de vida e amor, cheio(a) do Espírito Santo, pois nasci para habitar contigo e ser só Teu. Em nome de Jesus, amém.

ANOTAÇÕES

Dia 2

OLHOS ABERTOS

Leia: 2 Reis 6.1-17 e Salmos 119.18

Eu sou míope. Ninguém sabe, mas, a cada ano que passa, meu grau está diminuindo. Sinceramente, não sei bem por que, mas estou feliz. Uso lentes de contato diariamente, pois se não as usasse (ou óculos), eu realmente não poderia dirigir, conversar com pessoas a partir de uma certa distância e nem assistir a um filme no cinema. Tantos, sem perceber, subestimam a visão, algo tão valioso e que, se não tivéssemos, nos faria muita falta.

Nessa passagem de 2 Reis 6, o profeta Eliseu se encontra em uma situação adversa: ele consegue enxergar o que Deus está fazendo, mas as pessoas ao seu redor não. O povo inimigo se aproxima, e o moço entra em pânico, perguntando a Eliseu o que devem fazer. O profeta, então, ora a Deus: "Senhor, peço-te que lhe abras os olhos para que veja", e a Palavra, em seguida, afirma que: "O Senhor abriu os olhos do moço, e ele viu que o monte estava cheio de cavalos e carros de fogo, em redor de Eliseu" (v.

17). Naquele momento, os olhos daquele rapaz são abertos, e ali o Senhor lhes traz a vitória, cegando os olhos do exército inimigo.

Quantas vezes em nossa vida estamos cegos para "o exército de cavalos e carros de fogo" que nos rodeia diariamente e, com desespero, procuramos pessoas e recursos que possam nos tirar desse lugar? Oramos e jejuamos para que isso ou aquilo aconteça, mas o que precisamos é pedir: "Senhor, abra os meus olhos, quero ver o que **já** está comigo".

Vejo que isso não é somente em nossa vida prática, em relação às nossas necessidades terrenas, mas, muitas vezes, em nossa vida espiritual. Queremos ter a profundidade do relacionamento com Deus como o "fulano tem", queremos nos mover nos dons como "a fulana se move", queremos as revelações que outras pessoas têm, enquanto carregamos em nós, individualmente, o próprio Espírito Santo.

O mesmo Espírito Santo que estava com o profeta Eliseu naquele monte habita em cada um de nós, mas, por sermos imaturos, desesperamo-nos e pensamos: "Eu nunca serei ungido assim! Eu não consigo ser profundo em Deus! Como Deus usaria uma pessoa como eu?". E por fim: "Olha como os outros crescem e são felizes, mas eu estou aqui, sozinho". São essas mentiras que nos cegam do nosso verdadeiro chamado, nos cegam de ver e usufruir das bênçãos celestiais que o Senhor já nos preparou. Ficamos presos em nossa realidade e faltamos em ter uma mente espiritual que consegue enxergar além.

Hoje, eu o desafio a pedir que o Senhor abra os seus olhos para que você seja impactado com a verdade que, neste momento, lhe rodeia. Que todas as mentiras: que você tem falta disso ou daquilo, caiam por terra, e que você se levante e veja o Senhor lutar por você. A cruz de Cristo é, sim, suficiente para nós. Não estamos esperando o Seu poder e a Sua provisão, tudo isso já está à nossa disposição pela fé. É tempo de enxergarmos o quão grande é o exército que está conosco, e, mais ainda, que a vitória já é nossa por causa do Cordeiro de Deus.

Senhor Deus, abra os meus olhos para enxergar os Teus anjos e o Teu favor que já está comigo. Não quero viver como se estivesse sozinho(a), pois o Senhor é sempre conosco. Ensina-me a enxergar a vida como Tu enxergas e saber que a Tua presença é, sim, suficiente para a minha circunstância. Em nome de Jesus, amém.

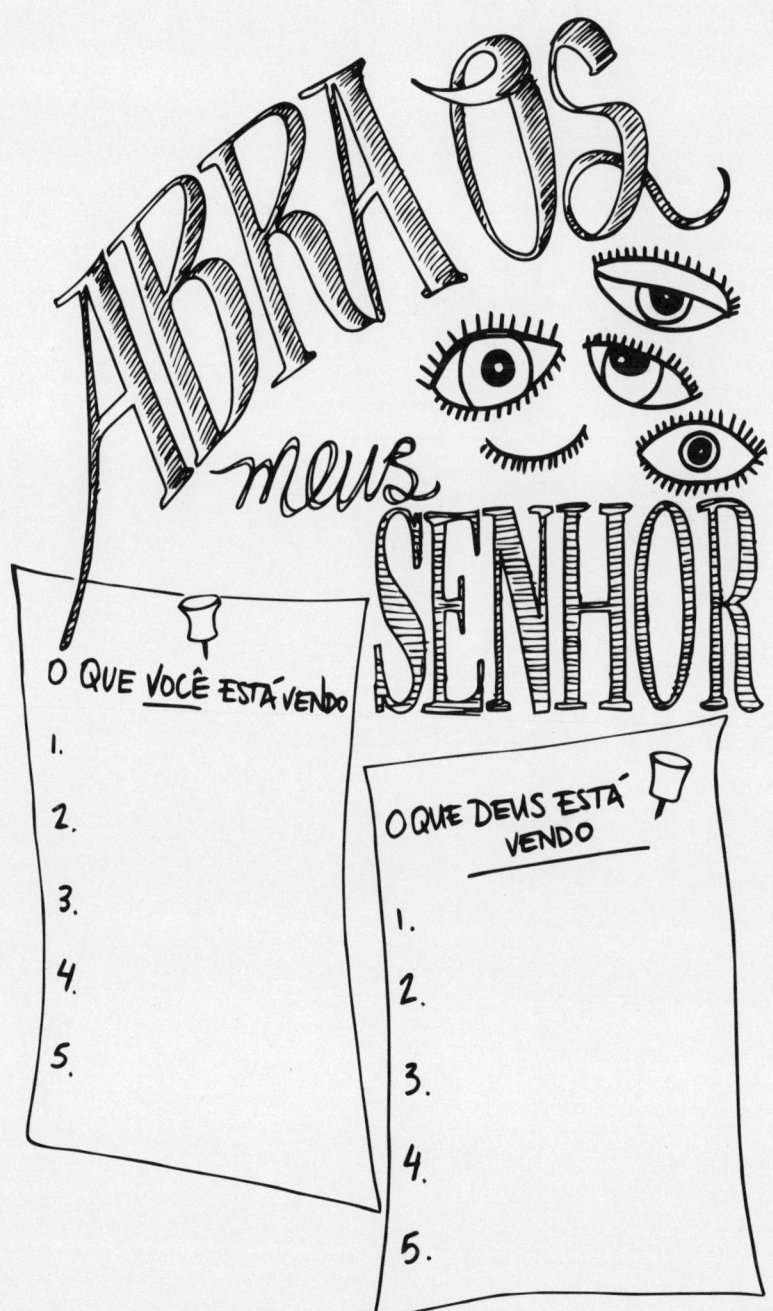

ANOTAÇÕES

Dia 3

FICANDO EM PÉ

Leia: Isaías 35 e Hebreus 12.12-13

Você sabia que a melhor posição para o corpo humano é ficar em pé? Quando estamos de pé, a nossa coluna se encontra no lugar certo. E, para ficarmos nessa posição, os músculos maiores são usados e acabam enviando mais sangue para o coração. Mas, em nossa mente, ficar sentado ou deitado é o estado mais confortável para o nosso corpo, e, sem querer, nos pegamos assim também em nosso relacionamento com Deus.

Muitos anos atrás, eu estava em um culto, e a pessoa que eu liderava estava bem atrás de mim. Mais da metade do momento de adoração, a moça ficou sentada na cadeira com uma atitude bem ruim. Depois de vários minutos, fui incomodada (creio que por Deus) para conversar com ela. Eu me virei e perguntei discretamente se ela estava bem e por que não estava participando do culto. Ela me disse que tinha tido um dia muito ruim e que não estava nada bem. Então, eu perguntei:

— Quem é a única Pessoa que pode ajudar você? Quem é a Pessoa que pode tirar essa tristeza, cansaço e frustração do seu coração?

Ela me respondeu:

— Claro que eu sei que é Deus, Zoe.

Respondi com um sorriso no rosto:

— Então, por que está sentada e indiferente? Se Ele é a pessoa que pode ajudar você, por que não usufruir deste momento para se agarrar a Ele e ser transformada em Sua presença?

Naquele momento, ela abriu os olhos, acenou com a cabeça e se levantou. Então, começou a se unir à congregação que estava cantando e, ali, o Espírito Santo a tocou. Deus estava aguardando a iniciativa e a fé da Sua filha naquele dia; Ele não estava longe, Ele sempre é presente.

Lidero adoração desde o ano 2000, e sempre vejo pessoas quebradas, cansadas, frustradas e machucadas entrarem em um momento de adoração coletivo. Algumas se derramam desesperadas na presença do Pai, pois entenderam que ali encontrarão forças para continuar. Por outro lado, infelizmente, vejo tantos que entram, "sentam" em seu comodismo espiritual e ficam esperando algo sobrenatural acontecer.

Não estou me referindo a nos sentarmos fisicamente, mas, sim, quando o nosso coração se senta espiritualmente. Sem querer, as nossas emoções nos roubam a alegria de estar com Cristo. Em algum momento, teremos de dizer basta ao controle que as emoções têm sobre nós e, realmente, deixar que Deus reine em nossa vida, pois é através da nossa perseverança, em meio aos nossos sofrimentos, que é forjado o nosso caráter

(Romanos 5.3-5) – a perseverança em nos manter de pé no meio da tempestade e ter a fé que nunca estamos sozinhos.

Escolha se levantar hoje, não deixando a circunstância atual roubar de você uma vida de intimidade com o Senhor. Todos somos chamados para sermos íntimos, pois essa é a nossa posição natural.

Senhor Deus, obrigado(a) pela Tua presença, que pelo sangue de Jesus eu posso sempre adentrar. Eu me levanto neste dia e me agarro em Tuas promessas. Não deixarei a tristeza nem o cansaço me roubarem o destino que me está preparado. Fui criado(a) para habitar em Tua presença, para ser íntimo(a) de Ti e usufruir completamente do Teu amor. Eu me levanto em fé agora. Em nome de Jesus, amém.

eu me Levanto mais uma vez

DESENHE VOCÊ DE PÉ NA MONTANHA

ANOTAÇÕES

Dia 4

HISTÓRIAS NÃO RESOLVIDAS

Leia: Mateus 5.23 e Hebreus 12.1-3

Quem não ama um bom filme, com enredo perfeito, ótima trilha sonora, fotografia espetacular e atores incríveis? Tudo isso faz parte de um bom filme, além disso, todos possuem um início e um fim. Seria muito estranho se estivéssemos assistindo a um filme muito bom e, antes do *grand finale,* desligássemos a televisão. Quando assistimos a algo ruim, sim, talvez queiramos interromper por não fazermos questão de ir até o final.

Sem querer, o nosso cérebro funciona assim: queremos ir até o fim com as coisas que são lindas e confortáveis, intrigantes e interessantes. Por outro lado, aquilo que é dolorido, frustrante e vergonhoso não queremos ver até o final. Colocamos em uma gaveta as histórias que não queremos mais ver, deixamos debaixo do tapete os sentimentos não correspondidos, as emoções machucadas e aquilo que nos trouxe culpa e vergonha.

Porém, quando queremos ter uma conexão profunda com Deus, precisamos permitir que Ele entre em todas as nossas histórias, sejam elas agradáveis ou doloridas, pois é somente quando tudo está posto à mesa que podemos dizer que começamos, então, a ter um relacionamento verdadeiramente genuíno.

Quantas histórias você tem procrastinado para encarar? Talvez seja uma carta com um pedido de perdão, uma conversa para liberar perdão a você mesmo. Talvez um dinheiro que você roubou e nunca devolveu, uma mentira que você nunca confessou, uma traição que está camuflada ou um "eu te amo" para alguém próximo, que você deveria ter falado há muito tempo.

Para prosseguirmos em intimidade com Deus, precisamos, de alguma forma, concluir nossas histórias, parar de evitá-las. Temos de atravessar a nossa dor segurando nas mãos do Pai, em vez de fugir daquilo que nos traz lembranças amargas. Somente assim conseguiremos trazer à luz aquilo que nos prende no escuro, nos prende à culpa e ao sentimento de abandono.

A maneira mais prática de resolvermos nossas histórias é liberando perdão. Quando liberamos perdão ao nosso ofensor, nós nos desconectamos dele e nos tornamos livres para, então, vivermos um novo dia com Cristo. O perdão é uma decisão de obediência a Deus, e não um sentimento. Perdoamos em fé, pois já fomos perdoados. O processo do perdão inclui a declaração e a liberação diária, bem como a aceitação do perdão de Deus quando falhamos.

Que hoje você tenha coragem de olhar para dentro de si e encarar aquilo que, por tanto tempo, evitou. Que você traga isso à luz, confesse para alguém importante em sua vida, compartilhe a sua dor aos pés da cruz e libere o perdão necessário ao seu próximo e a você mesmo. Somente assim você poderá viver novas histórias maravilhosas ao lado de Cristo, sendo elas difíceis ou fáceis. O que importará sempre será a Sua constante companhia.

Senhor Deus, revela-me, através do Espírito Santo,
as histórias que ainda preciso concluir em minha vida.
Eu libero perdão aos meus ofensores, assim como o
Senhor me perdoou. Quero estar na luz, onde nada está
escondido, onde há liberdade e alegria. Eu preciso de Ti.
Em nome de Jesus, amém.

ANOTAÇÕES

Dia 5

LIMPEZA GERAL

Leia: Mateus 5.8 e Salmos 51

O alívio do término da faxina é um dos melhores sentimentos – tudo em seu devido lugar, nenhuma poeira e o lixo fora de casa. O mesmo acontece com o nosso coração. No Sermão do Monte, Jesus disse que os puros veriam a Deus; ver a Deus significa ter intimidade com Ele. O primeiro passo para termos essa pureza é sermos humildes para reconhecer que precisamos muito d'Ele em nossa vida.

Ninguém gosta de ser chamado de orgulhoso, isso machuca e ofende. Todos sabem que a humildade é uma virtude e que a arrogância é uma falha, mas poucos conseguem enxergar dentro de si mesmos o orgulho. O primeiro pecado do mundo não foi a desobediência, como muitos pensam, mas, sim, o orgulho.

Quando Lúcifer foi retirado do Céu, foi o seu orgulho que o derrubou (Ezequiel 18). Quando Eva tomou para si o fruto, foi Lúcifer quem a tentou no mesmo lugar que havia caído (Gênesis 3), fazendo-a duvidar da bondade de Deus e comer do fruto que a tornaria como Deus. O problema não era ser como Deus, mas a motivação por trás disso. Lúcifer não queria ser como Deus porque amava a Deus, mas por querer ter o Seu poder e, assim, ser maior que Deus.

Após essa história, a Igreja, por muitos anos, achou que humildade era ser pobre, vestir roupas simples e ser menos que os outros. Vemos, pela vida de Jesus aqui na Terra, que Ele nunca pregou sobre isso, mas sobre servir ao próximo, amar o inimigo e orar por aqueles que nos perseguem. Ao mesmo tempo, Cristo se defendia quando precisava, virou as mesas no templo, acusou os fariseus de coisas graves, sem nunca pecar.

Isso nos faz entender que a humildade não é um comportamento, mas o fundamento do caráter cristão. Humildade é saber quem somos em Deus. É pensar mais a respeito de Deus do que de si mesmo. Humildade é ser como Jesus, independentemente da reação das pessoas. Jesus sabia quem Ele era diante de Deus, e isso Lhe trazia segurança e amor. Segurança em servir, e não em se sentir menos importante; segurança em se defender sem rancor e obedecer ao Pai constantemente.

Talvez você pense que, por se sentir inferior aos outros, não tenha problema com orgulho, que somente os que se sentem superiores é que lutam contra isso. Quero que pare um minuto e reflita se aquilo que você pensa a seu respeito é a verdade de Deus. Se não for, você tem uma imagem distorcida de si mesmo, e isso não é saber quem você é em Deus. Os dois extremos são orgulho: pois se sentir inferior ou superior aos outros é, igualmente, não saber quem somos n'Ele.

Isso pode parecer duro de ler, mas quanto mais você conhecer a Cristo, mais verá o quanto nos enxergamos de forma muito errada. Preferimos nos desprezar a nos arriscar, preferimos dizer que somos horríveis a aceitar o amor e perdão do Pai, preferimos nos segurar em nossa autojustiça do que receber, humildemente, o Seu amor. Preferimos até mesmo ser independentes d'Ele, lutar sozinhos, ser autossuficientes, nos sentindo merecedores das nossas conquistas, em vez de reconhecer com humildade o Seu amor em nossa vida.

A cura de todo orgulhoso é o amor verdadeiro de Deus, e o entendimento de quem somos n'Ele. Quanto mais imersos em Seu amor, menos tentamos nos colocar em posição superior ou inferior aos outros, pois somos satisfeitos em quem somos em Deus. A jornada para a humildade não acontece de um dia para o outro, é uma mudança de mentalidade. O importante é nunca parar, e constantemente nos colocarmos diante d'Ele, deixando que as Suas verdades sejam mais valiosas que as nossas ou a dos outros.

Senhor Deus, quebranta o meu coração, quero ser humilde de coração. Leva-me para um lugar mais profundo em Ti, onde eu verdadeiramente tenha a revelação do Teu amor por mim. Eu preciso de Ti. Em nome de Jesus, amém.

PODE LAVAR

ESFREGAR TODO O MEU

ORGULHO

ANOTAÇÕES

Dia 6

ABRINDO O PRESENTE

Leia: Tiago 1.17; Romanos 8.14-16 e Lucas 15.28-31

Sempre amei a época do Natal. Era o momento em que a família se reunia, cantávamos sobre a vinda de Jesus e, no final, presenteávamos uns aos outros. É claro que sabemos que Jesus não nasceu literalmente em dezembro, mas festejar nesse momento, para mim, sempre foi e até hoje é especial. A minha hora favorita era a de dar o presente para as pessoas que eu amava. Ficava ali parada, olhando a expressão do rosto da minha mãe, até que, então, ela abria um sorriso gigante e falava: "Uau!", enquanto segurava o presente em suas mãos.

Quando Cristo morreu em nosso lugar, na cruz, o Pai nos entregou o maior presente que poderíamos receber: a vida eterna. Aposto que no dia em que você teve o Novo Nascimento e foi encontrado pela primeira vez pelo amor de Deus, você pensou e sentiu: "Uau!". Nesse dia, você recebeu um grande presente, o mais belo de todos, mas talvez nem o tenha aberto por completo naquele momento. Eram muitas emoções, muita alegria, e você voltou para casa determinado a fazer com que tudo fosse diferente. No início, você olhava para aquele presente com todo carinho do mundo, abria a caixa e fazia proveito do que continha lá dentro. Entretanto, após alguns anos, você foi se deparando com os presentes dos outros e, então, começou a perder a sua alegria, pois a caixa das outras pessoas era diferente, tinha cores distintas, e foi assim que você passou a desejar aquilo que não era seu.

Creio que muitos cristãos receberam o presente da salvação, mas poucos usufruem dele por completo. No início, estão cheios de fervor, oram incansavelmente, leem a Bíblia a todo momento, estão sempre conversando com o Espírito Santo, mas dali a pouco, sem perceber, começam a esfriar. A salvação foi nos dada de graça, mas o desenvolvimento do nosso andar com Deus é um presente que precisamos abrir e utilizar.

O cristianismo não é algo automático, mas algo que nós precisamos escolher todos os dias da nossa vida. Ao escolhermos a obediência, o perdão, a santidade, o amor e a humildade, iniciamos uma jornada que, para mim, é o maior presente depois da salvação: a jornada de amizade com Cristo. Aqui, eu entendo que a intimidade com Deus não é para os mais especiais, ou o superespirituais, mas para todos que desejam mais de Deus. Não é algo inatingível e seletivo, e, sim, algo que faz parte do meu destino.

Quantas vezes estamos esperando alguém vir nos dizer: "Abra o presente! Use o presente! Vista o presente", para que, então, tomemos coragem de sermos quem nascemos para ser. Chega de esperar, o presente já está em suas mãos. Quando finalmente o abrirmos, tudo ficará mais claro. Entenderemos que o presente é único, ninguém tem um igual — que foi feito sob medida e é incomparável. As nossas inseguranças sumirão e, ali, saberemos que fomos, sim, escolhidos para um tempo como esse.

É tempo de abrir e acreditar que o presente é o acesso à Sua presença, que o presente são todas as palavras da Bíblia, que o presente não é somente um ingresso para a salvação, mas uma jornada ao Seu lado.

*Senhor Deus, obrigado(a) pela salvação e
pela oportunidade de andar contigo. Ensina-
-me a valorizar mais aquilo que o Senhor me deu
especificamente. Não quero segurar apenas o que recebi,
mas, sim, usufruir completamente o que tens para a
minha vida. Sou muito grato(a) pelo Teu amor
por mim. Em nome de Jesus, amém.*

ESCREVA AQUI TUDO QUE VOCÊ JÁ RECEBEU

E MUITO MAIS !!

ANOTAÇÕES

Dia 7

OLHANDO NO ESPELHO

Leia: Salmos 139

Pense num poço fundo, BEM fundo. Foi nesse que eu mesma me enfiei. Sempre me achava a mais feia, a mais gorda, a mais desajeitada... Quem iria ficar comigo? Como, algum dia, um homem se sentiria atraído por mim? Nunca, eu pensava. Foram anos e anos de pensamentos negativos sobre a minha pessoa, anos em que me desprezei emocionalmente. Não importava o quanto minha mãe me dissesse que eu era linda, sempre me sentia horrível.

O tempo passou e me meti em muitas coisas: estudos, conquistas pessoais, atividades da igreja, amizades... Até que... Um dia, em 2003, estava com uma grande amiga, subindo uma montanha enorme na cidade de Big Bear, no estado da Califórnia. De repente, enquanto subia, ouvi uma voz: "Você é linda". Olhei para o lado e não havia ninguém, mas eu sabia Quem estava falando: o meu Pai. As lágrimas escorriam em meu rosto, quando minha amiga olhou para mim com cara de espanto, e eu disse: "Sabe, Anna, eu sou linda". Ela olhou para mim sorrindo e disse: "É claro que você é linda, sempre achei você linda". Mas mal sabia ela o que havia acontecido comigo. Uma alegria borbulhava em meu ser, e para ser BEM honesta, naquele dia, eu estava muito mal vestida, mais gorda do que jamais havia sido na vida inteira, com mais espinhas do que sardas, e solteira ao quadrado. Sim, eu estava um caos, mas nunca me senti tão linda.

Não foi uma sessão de terapia, não foi um elogio do meu namorado, não foi um corte de cabelo novo – foi um encontro com a minha verdadeira identidade. A Sua voz aumentava em mim, e as mentiras evaporavam.

Você pode acreditar, por alguns meses, que tem valor por causa de um relacionamento, porque ganhou notoriedade ou porque atingiu um objetivo. Mas, na crise, esse sentimento vai embora, vai para bem longe, e logo o sentimento de não ser boa o suficiente volta. Porém, quando encontramos quem somos n'Ele, tudo muda. Deus não precisa levá-lo em uma montanha para falar com você, nem o arrebatar, mas você precisa encontrá-lO. Só Ele pode lhe dizer quem você realmente é. Deixe o espelho físico de lado por um momento, deixe a necessidade de querer ser reconhecido pelos outros, deixe os machucados, deixe a falta de perdão e tente escutar.

Abra a sua Bíblia, leia o que Deus pensa sobre você e escute a voz suave e doce do Pai. Em Salmos 139, conseguimos ler uma linda poesia de como somos conhecidos por Ele e como somos únicos. É a Palavra de Deus que deve ser nosso espelho, onde olhamos e enxergamos tudo aquilo que já somos para Ele. Onde o medo e a falta de satisfação consigo mesmo não tem mais espaço, pois a imagem que Ele enxerga é, sim, maravilhosamente criada por Suas mãos. Carregamos o que o dinheiro nunca comprará, aquilo que ganhamos através da graça. Só isso. Mas tudo isso.

Senhor Deus, abra os meus olhos para me enxergar em Ti. Ensina-me a valorizar as Tuas palavras a meu respeito, e não ficar preso em uma imagem que é passageira. Quero depender dos Teus pensamentos, e não dos meus anseios terrenos. Quero olhar no espelho da Tua Palavra e me descobrir em Ti.
Em nome de Jesus, amém.

sem medo olhe para dentro do Amor

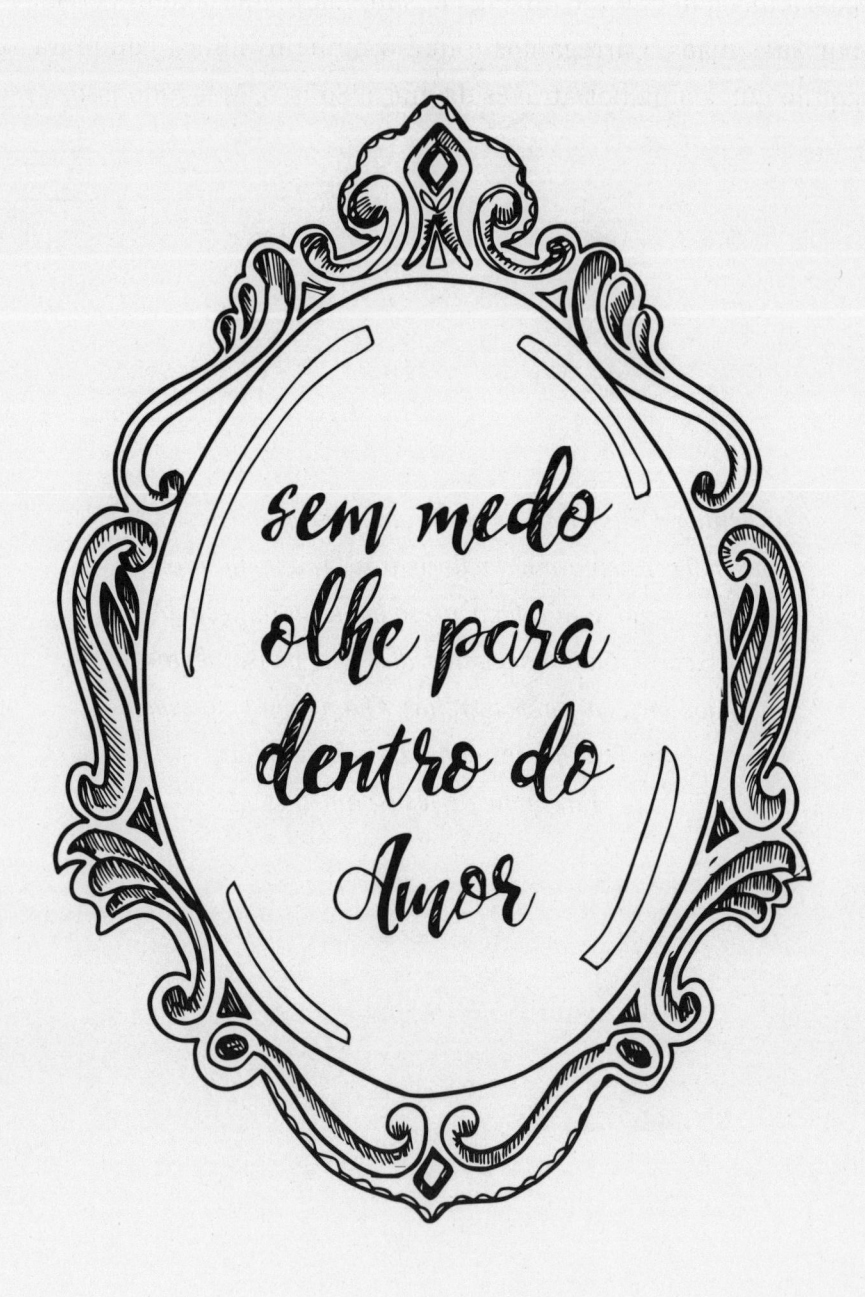

ANOTAÇÕES

Dia 8

NOVA IDENTIDADE

Leia: Romanos 8.14-16; Tiago 1.7 e 1 João 3.1

Cresci sem a figura paterna desde os meus cinco anos de idade. Hoje, faz mais de 32 anos que não vejo meu pai biológico. Lembro-me da vez em que minha mãe chamou a mim e a meu irmão na cozinha para conversar sobre a nossa situação familiar. Ela explicou que nosso pai não voltaria mais para casa e que, a partir daquele momento, Deus seria o nosso pai. Naquela noite, fui para o meu quarto, e na minha simplicidade de criança orei assim:

— Oi, Deus. Minha mãe disse que a partir de agora você será o meu pai. Se isso é verdade, desce aqui e me dá um abraço?

Naquele instante, eu senti, literalmente, mãos gigantes me apertando. Pude sentir, então, o Seu abraço, e esse foi o meu primeiro encontro sobrenatural com o amor inexplicável de Deus. É claro que os anos se passaram e, vez após vez, Deus provou Seu amor incrível e de Pai em minha vida. Fui abençoada por ter tido esse encontro que pautou muita coisa em minha trajetória. Por outro lado, quando cresci, tive momentos em que sentia falta de uma figura paterna. Entretanto, em meus encontros com Deus, pouco a pouco, fui levada à cura, aprendendo novamente que Ele era, sim, o meu Pai.

Para termos a revelação da paternidade de Deus, precisamos, primeiramente, aprender a receber o Seu amor com simplicidade e fé. Esse primeiro passo parece tão difícil às vezes, mas é fundamental que tenhamos humildade para receber do Seu amor, que, tantas vezes, sentimos que não merecemos. Quando, por algum motivo, não conseguimos receber esse amor, corremos o risco de continuar amarrados a uma identidade inadequada e mentirosa, que nos empurra para vivermos uma mentalidade de órfão, e não mais de filhos.

O coração do órfão não conhece o amor do Pai; acha que sempre está aquém do que deveria ser. Ele se compara constantemente com os outros, sente-se ameaçado por pessoas mais talentosas, mais bonitas e capazes. Sempre pensa que Deus escolhe falar somente com os outros e que o esqueceu; pensa que precisa conquistar a aprovação do seu Pai celestial. Agride os outros, tem inveja, sente-se inferior ou superior às pessoas, não libera perdão e tem dificuldade de se perdoar também. O coração órfão sente-se distante do Pai, e, provavelmente, não consegue ter uma vida de adoração.

Por outro lado, o coração do filho conhece a Quem pertence. Sabe dos seus defeitos, mas ainda consegue ver os seus acertos. Olha para o próximo como Deus o vê e consegue perdoar com facilidade, pois, no final, o perdão é muito mais a respeito do seu relacionamento com Deus do que com o outro. Confia na provisão de Deus, porque O conhece e sabe que Ele cuida de todas as coisas; descansa no reconhecimento divino e não se importa com a aprovação alheia. O filho sabe que nasceu para ser um sacerdote e, por isso, age como um, com temor a Deus, mas, ao mesmo tempo, com muita leveza e amor, pois é assim que é amado. O coração do filho ama adorar a Deus; ali é o lugar do seu maior prazer, porque é onde ele mais se sente em casa.

Conhecer esse incrível amor de nosso Pai é exatamente o começo da nossa jornada para uma vida de intimidade. Finalmente temos algo para oferecer! Quantas vezes tentamos nos derramar por inteiro e cantar canções apaixonadas ao nosso Amado, mas com um coração vazio e sem nunca termos nos sentido próximos d'Ele? Já tentou espremer um limão seco, daqueles que você aperta com toda sua força, mas ele não solta uma gota sequer? É mais ou menos isso que acontece quando nos doamos, nos entregamos e nos sacrificamos sem a revelação do grande amor que Ele tem por nós.

Respire, sente-se, abra o coração e creia neste amor do Pai que é derramado sem medida sobre nós. Pois quando nos encontramos com Ele, tudo desaparece e só importa uma coisa: Ele.

Eu quebro, em nome de Jesus, todas as mentiras a respeito da minha identidade em Deus. Hoje, eu declaro que sou amado(a), valorizado(a) e sou filho(a) amado(a). Eu não vou mais me colocar na posição de órfão(ã), pois fui adotado(a) para a Sua Família. Em nome de Jesus, amém.

EU pertenço e tenho FAMÍLIA

ANOTAÇÕES

Dia 9

AFINANDO O DISCERNIMENTO

Leia: 2 Coríntios 2.10-14 e Filipenses 1.9-10

Eu consigo saber quando minha mãe andou pelo corredor do escritório da igreja por causa do seu perfume. Também sei quando ela está perto só de ouvir a sua tosse ou a sua risada. Aposto que você saberia também se fosse filho dela. A convivência de tantos anos nos faz discernir rapidamente a presença daquele que tanto conhecemos.

Assim, também, quando somos íntimos de Deus, conseguimos distinguir a Sua voz, o Seu jeito, o Seu humor e até os Seus leves empurrões. Quando ainda estamos conhecendo alguém, temos muita dificuldade, ficamos confusos e também nos sentimos inseguros. Em João 10.27, está escrito que as ovelhas reconhecem a voz do seu pastor; da mesma forma, nós também conseguimos discernir a voz do nosso Bom Pastor, que é Jesus Cristo.

Talvez você sinta que não consegue distinguir a voz de Deus, pelo menos a maioria dos que conversam comigo dizem que Deus só fala com os outros e que se esqueceu deles, mas isso é uma grande mentira. Fomos criados para ouvir e sermos ouvidos por Ele, isso faz parte da nossa identidade. O problema é que entupimos nossos ouvidos com tantas outras coisas que não conseguimos ouvir com clareza o que Deus está falando.

Primeiramente, Deus fala através da Bíblia, algo tão prático e tão verdadeiro. Toda vez que lemos a Sua Palavra, precisamos acreditar que Ele está falando e não entrar em paranoia, esperando trombetas do céu, raios de luz, anjos descendo ou coisas do tipo. Outro aspecto importante é que Deus fala através da nossa consciência, aquela "voz" bem pequena que nos tira a paz quando erramos ou que nos leva a fazer o bem ao próximo. Além disso, Ele fala também através das circunstâncias. Quando tudo parece fluir ou quando tudo parece dar errado, sempre acredito que Deus está, de alguma forma, nos dando um sinal de "*ok*" ou de "cuidado". Outra forma, além dessas bem práticas, é através do sobrenatural, uma confirmação que vem de forma não natural, trazendo-nos aquilo que precisamos. Lembrando que, para ouvir a Sua voz, não podemos depender apenas de sentimentos, mas temos de estar sempre baseados na Palavra para nos direcionar em tudo.

Quanto mais tempo passarmos em Sua presença, mais fácil se tornará distinguirmos aquilo que é de Deus e aquilo que é da nossa cabeça. Conhecer a Cristo é uma jornada de vida, e não um passeio de bate e volta. Exige tempo e perseverança em estarmos, ali, em Sua presença, familiarizando-nos com o Seu toque, Seu jeito, Sua voz e Sua maneira.

Diariamente, precisamos afinar nosso discernimento, lembrando-nos que nada é tão preto e branco como enxergamos, que Ele quer estar próximo de nós em todos os momentos. O meu desejo é que, de tanto passarmos tempo com Ele, seja fácil reconhecer a Sua voz onde estivermos.

Senhor Deus, peço que aguces os meus sentidos espirituais. Quero Te perceber em todos os momentos do meu dia, e não somente no meu devocional. Quero Te conhecer como um amigo e ser tão íntimo de Ti que logo possa reconhecer a Tua vontade. Como eu Te amo, Deus! Em nome de Jesus, amém.

As Suas ovelhas RECONHECEM A Sua Voz

ANOTAÇÕES

Dia 10

FILTRANDO O BEM

Leia: 2 Coríntios 10.4-5 e João 14.16-17

Um filtro serve para separar aquilo que é de bom proveito do que é ruim. Assim também precisamos de um filtro em nosso coração, para que entre apenas aquilo que é saudável. Pensamos duas vezes para tomar uma água não filtrada, mas para participar de conversas e práticas espiritualmente não saudáveis pensamos bem menos.

Pessoas íntimas de Deus crescem muito no dom do discernimento dos espíritos, pois entendem o quão necessário ele é para o aprofundamento do seu relacionamento com Deus. Entendem que "separar" ou santificar o coração os levará a enxergar além da superfície e lhes dará uma visão mais profunda do mundo espiritual.

O dom do discernimento de espíritos nos ajuda a identificar: o espírito do homem, o espírito demoníaco e o Espírito de Deus. Quanto mais maduros nos tornamos, mais conseguimos categorizar e filtrar melhor o que sentimos, pensamos e vemos. Quantas vezes, sem perceber, estamos sendo oprimidos por um espírito maligno pensando que é apenas o cansaço do dia? Outras vezes, estamos expulsando os demônios, sendo que não é Satanás, mas, sim, a maldade humana mesmo, a falta de caráter. Algumas vezes, Deus está Se movendo, mas estamos distraídos e perdemos o que Ele está fazendo, e também os frutos da Sua presença.

A maneira mais prática de desenvolvermos o discernimento é através da constante observação ao nosso redor e dentro de nós, tirando-nos do automático e nos levando a pensar nos "porquês". Outra forma é caminhar com pessoas que já usufruem desse dom e têm maturidade para lidar com os filtros que o Espírito Santo coloca em seus corações.

Um bom filtro nos leva para um novo nível de pureza de pensamentos, de sentimentos, e para um andar mais profundo em Deus. Para termos um bom filtro, precisamos, diariamente, levar nossos pensamentos cativos ao Senhor e expor tudo à luz da Sua Palavra, deixando que o Espírito Santo nos revele todas as coisas, a começar por nós mesmos. Vejo muitos que dizem ter esse discernimento e apontam o dedo para todos. Não entenderam que esse dom precisa ser exercido, primeiramente, em nós, onde somos mais perceptivos em relação às raízes das nossas emoções, e também mais sensíveis à voz de Deus.

Que você possa desenvolver esse filtro, começando pelas pequenas coisas, sendo fiel àquilo que Ele já lhe pediu, libertando-se rapidamente daquilo que O desagrada e retendo o que é bom. Tudo isso é uma escolha, e não algo que acontece naturalmente. Precisamos, de maneira intencional, nos colocar diante de Deus para ter nossos olhos abertos e ser Seus parceiros, além de apenas expectadores. Tome tempo agora para respirar e fechar os olhos, pense no que Deus tem lhe pedido e que talvez você tenha ignorado. São essas pequenas coisas que nos destravam para o destino que Deus reservou para nós.

Senhor Deus, obrigado(a) porque eu posso pedir um dom que Tu desejas me conceder. Quero enxergar com Teus olhos, reconhecer o Teu coração em todos os momentos. Preciso da Tua presença sempre.
Em nome de Jesus, amém.

filtre o bem...

AMOR PAZ ALEGRIA

ANOTAÇÕES

Dia 11

ÓCULOS EMBAÇADOS

Leia: Lucas 24 e Efésios 1.17-18

Quando Jesus Cristo encontrou dois de Seus discípulos na estrada para Emaús, algo incrível aconteceu. Ele havia sido crucificado, e os discípulos estavam arrasados com Sua morte. Enquanto caminhavam e conversavam sobre tudo o que Jesus havia feito, o próprio Cristo ressurreto se juntou a eles pelo caminho e entrou na conversa. Sem reconhecer quem Ele era, os homens seguiram viagem e continuaram a falar sobre os acontecimentos.

Ao chegarem na cidade onde iriam comer, convidaram o terceiro homem (que era Jesus, mas eles não sabiam) para juntar-se a eles. Quando Jesus partiu o pão, os olhos dos discípulos instantaneamente se abriram e eles O reconheceram. Durante todo o caminho, eles haviam sentido algo queimando em seus corações, mas foi somente no momento em que o pão foi partido que eles realmente O viram.

O partilhar do pão – momento de intimidade com Cristo – arranca as escamas dos nossos olhos e nos leva realmente a enxergá-lO. Muitas vezes, presos nas circunstâncias, dificuldades e tristezas, não conseguimos perceber a Sua presença caminhando ao nosso lado. É fácil ficarmos focados apenas em nossos sentimentos e nos esquecermos de sentir o coração de Jesus por nós. Sem perceber, podemos nos tornar egocêntricos, muito preocupados com nossas necessidades e desejos, esquecendo-nos que o Provedor de todas as coisas está bem à nossa frente.

Os óculos embaçados nos impedem de ter uma visão clara do que realmente está acontecendo; e, às vezes, sem notarmos, acabamos enxergando toda a nossa vida através deles. Olhamos nossas circunstâncias, nossos relacionamentos e até nossa intimidade com Deus através dessas lentes, e nos sentimos desconectados, distantes e, de alguma forma, rejeitados.

Quando estamos com os olhos clareados, sem os óculos embaçados, diante da Sua presença, tudo nos traz paz. Os acontecimentos começam a se encaixar, mesmo que difíceis de engolir, e temos a Sua visão a respeito das pessoas em nossas vidas; e, assim, nessa visão mais lúcida, encontramos aquilo que o nosso coração tanto ansiava. Quantas vezes me "segurei" àquilo que a minha visão embaçada enxergava em vez de ter fé e acreditar! Quantas vezes vi tudo e todos através de uma visão de rejeição, colocando-me em um lugar de vítima e abandono! E, no final de tudo, Ele sempre estava ali, cheio de amor e perdão, de braços abertos para me receber.

Que hoje os nossos olhos sejam abertos mais uma vez, que o amor e a fé floresçam, e que enxerguemos com clareza o que está bem diante de nós: o próprio Jesus Cristo. Que possamos usufruir da Sua beleza, da Sua paz, do Seu poder e do Seu imenso amor.

Senhor Deus, abra os meus olhos para Te reconhecer em todos os momentos da minha vida. Não quero deixar as dificuldades me tirarem a visão correta do que está acontecendo em minha vida. Quero encontrar o Teu rosto diariamente, eu Te amo para sempre.
Em nome de Jesus, amém.

É no partir do pão

que os meus olhos

serão abertos...

ANOTAÇÕES

Dia 12

ESCOLHAS SÁBIAS

Leia: Provérbios 3.5-6 e Tiago 1

Lembro-me de um sapato vermelho que eu queria muito quando era mais nova. Finalmente, ao ganhar o que tanto queria, precisei entender que o sapato era de verniz e sujava MUITO mais do que os meus outros, de couro. Mas, como criança, havia entendido que, por ter pedido tanto aquele sapato, teria de viver o tempo inteiro limpando. Minha mãe sempre me falava dos prós e contras de cada escolha e, diante delas, permitia-me escolher; claro que me refiro às escolhas inofensivas do dia a dia. Assim, fui aprendendo que cada decisão minha poderia ser uma escolha sábia ou tola, e eu não queria as consequências das escolhas tolas.

A nossa criação afetou diretamente a nossa consciência em relação às escolhas da vida, ou seja, se tivemos de abraçar os resultados delas ou não, se pudemos escolher por nós mesmos ou se fomos manipulados. Começando com as pequenas escolhas, como qual suco queremos, com qual brinquedo vamos nos divertir no momento ou qual tênis vamos usar para o evento do dia. Quando a escolha é permitida a uma criança, e ela sabe viver com as consequências disso, ela desenvolve em si a capacidade de entender que cada decisão gera um resultado.

Muitos pais privam seus filhos desse ensinamento ao manipularem ou criticarem suas escolhas, que, talvez, não lhes agradem pessoalmente. Eu me refiro às pequenas decisões, como a cor do lápis que usará, a banana ou a maçã, a couve ou o brócolis, e não aquelas importantes e morais.

O tempo passou, as minhas escolhas ficaram mais complexas, e os meus erros também. Ao receber os resultados ruins das minhas escolhas, aprendia muito, quebrantava-me muito, mas fui privilegiada de ter apoio e amor ao meu redor para me ajudar a levantar. As escolhas tinham muito a ver com duas coisas: a coragem e a verdade. Não adianta sermos apenas corajosos em tomar decisões e enfrentar as consequências, precisamos saber se essas escolhas condizem com aquilo que Deus diz ao nosso respeito. As escolhas só se tornam sábias quando estão dentro da vontade de Deus, quando são decisões que fazem parte da nossa identidade em Cristo.

Hoje, vejo dois extremos, pessoas teimosas e obstinadas ao escolherem o que querem a todo custo e, por outro lado, pessoas medrosas que vivem perguntando: "Será que isso é da vontade de Deus?". Nestes últimos anos, tenho aprendido que a vontade de Deus é revelada através da intimidade com Ele; que se eu estou caminhando ao Seu lado diariamente, como não O verei indo para a esquerda ou direita? Se eu estou de mãos dadas com Ele, como não sentirei a tensão de Sua mão quando estiver indo para a direção errada?

Precisamos largar o orgulho de querer fazer tudo sozinhos, de maneira racional, ao mesmo tempo em que precisamos permitir ser curados e libertos do medo de errar e nos aprofundar em nosso relacionamento com o nosso Bom Pastor, que nos guiará sempre. Você não foi criado para ter um relacionamento com um mapa, mas para ter um relacionamento com o grande Guia: o Espírito Santo.

Senhor Deus, quero fazer escolhas sábias como resultado de um andar Contigo. Arranca de mim o orgulho da autossuficiência e o medo de errar; quero estar tão próximo que possa reconhecer Teus passos. Leva-me para andar Contigo todos os dias da minha vida. Em nome de Jesus, amém.

EU QUERO O *Guia* e não O MAPA

ANOTAÇÕES

Dia 13

SEGUINDO A NUVEM

Leia: Êxodo 40.34-38 e 1 Coríntios 2.11-16

Lembra quando o povo de Israel estava no deserto por 40 anos? Eles não tinham um mapa nem uma bússola, simplesmente eram guiados por uma coluna de fogo durante a noite e uma coluna de nuvem durante o dia. Onde a nuvem parava, ali eles reerguiam o tabernáculo; quando ela começava a se mover, eles desmontavam tudo e seguiam na direção em que a nuvem se dirigia.

Essa nuvem representava a presença de Deus, que se movia de acordo com o Seu coração, e é assim até hoje. Não existe mais uma nuvem física, mas o Espírito Santo, que se move de acordo com o coração do Pai, permanece o mesmo. Um cristão maduro conhece e convive com esse mover, sabendo em que direção deve ir e como deve se portar.

Muitos até seguem a nuvem sem perceber – talvez, por andarem com aqueles que já têm a sensibilidade espiritual ou por participarem de reuniões em que o mover do Espírito Santo é visível. O problema é que, quando isso acontece, sem querer, eles acabam se apoiando nessas pessoas e passam a depender delas para entender o mover de Deus, preferindo ir a uma reunião onde Deus se move do que se mover com Ele por onde andam.

A intimidade com o Senhor nos leva a esse lugar de percepção do Seu mover. É impossível sermos íntimos de alguém e não percebermos quando esse alguém sai do lugar onde nos encontramos. Quem me conhece de perto sabe que eu não tenho um reservatório de energia muito grande para eventos sociais; chegando certa hora, eu já começo a querer ir embora. Sou casada faz um tempo, e é interessante que, só pelo meu olhar, o meu marido consegue entender que eu já cheguei naquele momento de sempre: a hora de ir para casa. Quando namorávamos, ele não sabia quando eu queria ir embora, então eu precisava comunicar de maneira discreta quando já estava bastante cansada e gostaria de ir para casa.

Assim é o Espírito Santo também, quanto mais você convive com a Sua presença, mais percebe a hora de partir, de iniciar uma conversa, de entregar uma palavra profética, de dar um abraço, de sair de uma conversa, ou seja, o que é necessário fazer no momento. Com o passar dos anos, você reconhecerá o caminho mais fácil, e também terá menos teimosia em seu coração quando a nuvem for para um lugar desconhecido que, muitas vezes, pode causar desconforto.

Que, hoje, você possa experimentar dessa doce presença do Espírito Santo, que nunca é impositiva nem pesada. É um prazer seguir essa nuvem, leve e livre, pois é ali que nos encontramos no centro da vontade de Deus: o lugar mais seguro do mundo.

Senhor Deus, quero ser sensível ao Teu mover diariamente, não quero depender de outros para Te compreender. Abra os meus sentidos espirituais para que eu possa sempre estar em parceria Contigo por onde eu for. Preciso da Tua presença todos os dias da minha vida. Em nome de Jesus, amém.

SEGUIREI A NUVEM POR ONDE ELA FOR

ANOTAÇÕES

Dia 14

CORRENDO O RISCO

Leia: Hebreus 11 e Marcos 11.22-24

A fé é a certeza daquilo que os nossos olhos não enxergam. É fácil ter fé quando tudo está bem ou quando estamos caminhando em direção aos nossos sonhos, difícil é mantê-la quando estamos dentro do problema e não vemos uma saída. Você vai para um lugar de dúvida, sem querer, pensando: "Será que eu ouvi certo? Será que era isso realmente o que eu deveria ter feito? Será que confiei demais?". Eu já me encontrei várias vezes nessa situação, em que me sentia desolada por ter esperado algo incrível e ter me deparado com uma parede gigante.

Correr o risco nunca fez parte da minha personalidade; não sou do tipo aventureira, apesar de amar conhecer coisas novas, de explorar novas culturas e amar um esporte radical (sim, ninguém acredita, mas amo tudo que envolve grandes alturas). Mas o "correr risco" a que me refiro é o da vida, quando precisamos, de alguma forma, dar um passo de fé, seja em relação às nossas finanças, vida emocional, vida espiritual ou decisões que mudarão o rumo do nosso futuro. Correr o risco do erro, da vergonha e do fracasso... Posições em que somos testados quando queremos viver o excelente de Deus.

Ninguém fala isso quando você entra na fila para "mais de Deus", nem mesmo você se lembra quando canta com tanta convicção sobre viver somente para Ele. Mas a verdade é que, para irmos mais profundo em Deus, precisaremos assumir riscos. Não temos de procurar por eles, pois naturalmente nos encontraremos nesse lugar enquanto nossa vida de oração se eleva para um novo nível. Ao passar tempo em Sua presença, você, gentilmente, será empurrado para se arriscar indo a lugares que Deus pediu e que ninguém o convidou ou imaginou.

Muitas vezes, eu me vi pedindo coisas para Deus que fossem solucionar minha vida e, talvez, trazer-me estabilidade por alguns anos. Mas o Senhor nos dá o suficiente para hoje, pois Ele requer a nossa dependência diária. E é através dos passos de fé que os milagres virão, que o sobrenatural será liberado em nossa existência. Ele é um bom Pai e não vai nos deixar imaturos e nos privar dos benefícios da fé; Ele deseja que cresçamos em fé, mesmo quando não estamos enxergando, pois lá Ele está nos esperando.

O Senhor está no seu hoje e também no seu futuro. Daqui a dois dias ou daqui a duas décadas, Ele estará também – Deus Emanuel, presente e fiel. É tempo de sacudir o medo e dar o passo de fé que por tanto tempo você tem sido desafiado por Deus a dar. É tempo de ousar para que as coisas grandes cheguem. Você é o protagonista deste grande plano de Deus para a sua vida!

Senhor Deus, hoje eu determino em meu coração que darei passos de fé. Não quero mais deixar o medo ditar a minha vida, quero ser tudo aquilo que tens planejado para mim. Eu me levanto, hoje, em fé, pois confio em Ti! Em nome de Jesus, amém.

QUAIS PASSOS DE FÉ VOCÊ PRECISA TOMAR?

5) ....

4) ....

3) ....

2) ....

1) ....

ANOTAÇÕES

Dia 15

PLANTANDO NO ESCURO

Leia: Mateus 6.1-8 e Gálatas 6.7-9

Imagine se, durante algumas madrugadas, alguém plantasse tulipas na frente da sua casa ou no seu quintal sem você saber! No início, com certeza, você não veria nada, mas, após alguns meses, seria surpreendido com a beleza das flores no seu jardim. Acredito que, quando começamos a desenvolver o "lugar secreto" em Deus, estamos plantando e ninguém está ali nos assistindo, por isso, o nome "lugar secreto".

O "lugar secreto" não é um lugar físico, mas o espaço onde você se encontra com Deus diariamente, e só Ele conhece. É onde você é realmente quem é, onde não tem nada escondido entre você e seu Pai, mas que é bem escondido dos outros. Quanto mais plantamos nesse lugar secreto, mais colheremos a longo prazo. O problema é que o ser humano não gosta de "longo prazo" e muito menos de "escondido".

Temos a tendência de querer ver os resultados imediatamente, ter a aprovação ou admiração dos outros em tudo que fazemos e, de alguma forma, sermos afirmados. Podemos até dizer que não, até que começamos realmente a plantar e trabalhar no escuro, longe dos holofotes e dos elogios. Basta ajudarmos em algo, servirmos em uma área da igreja e nunca sermos reconhecidos por nossos líderes, que logo surge em nós uma frustração. Basta chegarmos mais cedo que todos, sairmos mais tarde que todo mundo, trabalharmos mais duro que outras pessoas e recebermos o mesmo tratamento que a maioria, que já começa a aparecer a ofensa e a insatisfação entre as ruínas do nosso coração. Por quê? Porque ainda existe em nós a necessidade de servir a homens para receber recompensa imediata, em vez de servir ao Senhor e plantar em um lugar secreto.

Em algum momento da nossa vida, seremos testados nisso, e começa com as pequenas coisas. Que possamos semear, semear e semear diante dos olhos d'Ele – pois é nesse lugar que encontramos tudo o que precisamos. Que sejamos invisíveis, não por escolha própria, mas porque estamos tão focados em Sua presença que nada mais importa.

Hoje é um bom dia para começar. Que tal servir só por amor a Ele? Que tal andar uma milha a mais, porque Ele está vendo você? Que tal perdoar seu inimigo mais uma vez? Que tal sorrir para Ele enquanto planta tulipas lindas no seu jardim? Na hora, ninguém verá, mas não tem problema, pois você não está plantando para as outras pessoas, mas juntamente com Ele. Em breve, a primavera chegará, e vocês dois juntos usufruirão de um lindo jardim colorido. Isso nunca tem preço.

*Senhor Deus, ensina-me a viver diante dos Teus olhos, sabendo que a minha recompensa vem de Ti. Quero depender mais do que o Senhor fala e faz do que daquilo que os outros podem me dar. Cura o meu coração para que seja satisfeito em apenas semear Contigo.
Em nome de Jesus, amém.*

jardim secreto

ANOTAÇÕES

Dia 16

OBEDIÊNCIA RADICAL

Leia: Mateus 7.21-23 e 1 Samuel 15.22

Quando penso em obediência, lembro-me da história do capitão dos exércitos da Síria, Naamã, que estava leproso e foi procurar o profeta Eliseu para ajudá-lo. Chegando na casa de Eliseu, o profeta enviou seu servo para atender aquele homem importante e o instruiu a mergulhar no rio Jordão sete vezes. É claro que Naamã se ofendeu: o profeta nem teve a consideração de falar pessoalmente com ele e, ainda por cima, pediu-lhe para mergulhar em um rio barrento, muito mais sujo que todos os rios da Síria. Resumindo a história, Naamã acabou obedecendo e foi curado ao mergulhar naquele rio por sete vezes.

Fico imaginando o que aquele capitão deve ter sentido ao ter de obedecer. E quantas vezes eu já fui como ele: ofendida com a ordem e a maneira, mas, ao final, obedecendo para só, então, ver o resultado da minha obediência. Quando amadurecemos, começamos a obedecer mais prontamente; aprendemos que a humildade é obedecer imediatamente e sem justificativas. No início, pode até ser bem dolorido, mas, com o tempo, passamos a enxergar a bondade de Deus que nos leva ao arrependimento, e que a nossa obediência está diretamente ligada ao nosso relacionamento com Ele.

A obediência é um **fruto** daquele que ama ao Senhor, que teme a Ele. Quando desobedecemos é porque ainda não entendemos o senhorio de Deus em nossas vidas, e isso reflete o nível de intimidade que temos com Ele. Aquele que é íntimo de Deus sabe que a desobediência não fere só o Seu coração, mas muito mais o nosso relacionamento.

Quando digo que precisamos de uma obediência radical, refiro-me à obediência total, sem negociações e sem atrasos. É quando o nosso "sim" para Deus é de coração, e não da boca para fora. Isso é refletido nos pequenos detalhes da nossa vida, por exemplo, se perdoamos nossos inimigos, se falamos somente aquilo que constrói, se vivemos o que pregamos, se temos compaixão pelo próximo e se nosso coração permanece puro em meio a tantas dificuldades e injustiças.

Eu tenho certeza de que o Espírito Santo sempre evidencia uma área em nossa vida quando necessitamos de mudança ou queremos ir mais profundo com Ele. E é nessa área que precisamos trabalhar para que cheguemos a um novo nível de intimidade com Ele. Tome tempo hoje para ouvir e entender as pendências que o Espírito Santo está revelando; obedeça sem justificar com o coração duro, deixe que Ele seja o Senhor da sua vida, pois é somente através da nossa obediência que iremos para um novo nível em nosso relacionamento com Ele. A obediência é sempre o melhor caminho.

Senhor Deus, me perdoe por todas as vezes que tenho sido desobediente. Eu decido neste momento obedecer e colocar em ordem aquilo que o Senhor está me mostrando. Não quero mais nenhuma barreira entre nós, quero ser totalmente entregue a Ti. Ensina-me o Teu senhorio sobre a minha vida, pois quero ir mais profundamente em Ti. Em nome de Jesus, amém.

obediência
é sempre melhor

Escreva abaixo o que você deve obedecer neste momento

- ☑ _____
- ☑ _____
- ☑ _____
- ☐ _____
- ☐ _____

ANOTAÇÕES

Dia 17

O PREÇO ALTO

Leia: Filipenses 2 e Isaías 53

Lembro-me de quando ganhei a minha primeira flauta transversal; havia pedido por uma há tanto tempo e, finalmente, o dia tinha chegado! Era uma caixinha preta com veludo vermelho por dentro, que eu, diariamente, admirava como se fosse uma joia. Mal sabia tocar o instrumento, mas aquele presente era um sonho realizado. No decorrer dos anos, eu tive outras flautas, mas nenhuma foi como a minha primeira, já que aquela, a minha mãe havia trabalhado muito para comprar para mim.

Quando conhecemos a Cristo e entendemos o alto preço que Ele pagou, tudo muda ao nosso redor e somos transformados para sempre. Porém, muitos escutam o relato da crucificação e ressurreição de Jesus e encaram só como uma história linda e comovente. A revelação do sacrifício de Cristo é totalmente diferente de apenas ouvirmos uma história; ela é a convicção de que aquela cruz era onde nós deveríamos estar; de que Cristo foi o cordeiro morto em nosso lugar sem que nós merecêssemos. É a certeza de que não podemos viver de acordo com o velho homem que somos, mas, sim, como novas criaturas através do Seu alto preço pago na cruz. É a convicção de que não existe maior amor que esse e que nunca haverá!

Nossa vida de intimidade com Deus é totalmente relacionada à revelação da obra da cruz. É impossível termos acesso à Sua presença se não for através do sangue poderoso de Cristo. Jesus é o caminho para a presença de Deus, e é ali que acontece a adoração, a intimidade e a profundidade em Deus – sem Ele, nada podemos. Vejo tantos que me escrevem (quase diariamente) falando que não sentem mais a presença de Deus, que estão se esfriando na fé e que estão desanimados. Entendo que muitos se esqueceram do alto preço que foi pago por eles, mas outros nem tiveram a revelação do sacrifício de Jesus na cruz.

A palavra "revelação" significa que nossos olhos são desvendados, como se algo, pela primeira vez, fizesse sentido e entendêssemos de verdade a profundidade daquilo. Não é mais algo automático ou imposto sobre nós, é genuinamente vivido de dentro para fora. Para termos essa revelação, começamos pedindo ao Espírito Santo que nos traga esse entendimento e nos leve ao arrependimento de não ter buscado antes essa verdade, pois Deus é bom e sempre quer nos dar revelação! E, pela fé, começamos a agradecer pelo sangue poderoso de Jesus e pelo acesso à presença do Pai. Ali, paramos de nos sentir merecedores de todas as bênçãos que pedimos, de todos os "direitos" que colocamos diante de Deus, e passamos a ver que a vida é muito maior que tudo isso.

A revelação do sacrifício de Cristo nos muda de tal forma que paramos de focar em nós, e começamos a viver o verdadeiro

Evangelho, que é realmente carregar a nossa cruz e segui-lO. Compreendemos que somos dependentes da Sua graça e que, se estamos vivos, é porque ainda temos a chance de viver a Sua vida em abundância aqui. Nunca mereceremos o alto preço, mas receber desse perdão, desse amor e desse sacrifício nos torna humildes, íntimos d'Ele e filhos amados.

*Senhor Deus, abra os meus olhos e o meu coração
para uma nova revelação do Teu sacrifício na cruz.
Quero ser humilde também para receber perdão, amor e
graça vindos de Ti. Quero sempre ser grato(a), deixando
o egoísmo de lado e vivendo plenamente o Evangelho.
Em nome de Jesus, amém.*

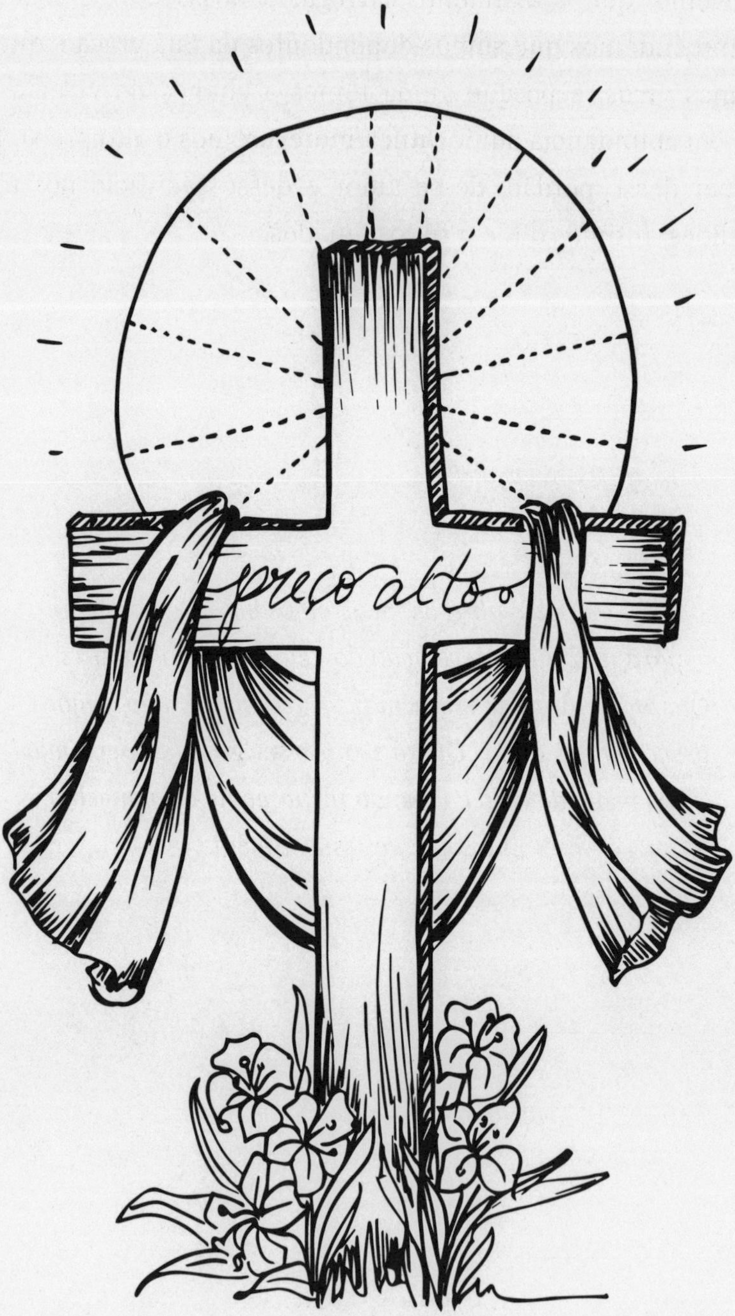
preço alto.

ANOTAÇÕES

Dia 18

UM "MUITO OBRIGADO"

Leia: Salmos 103 e 1 Tessalonicenses 5.16-18

Lembro-me sempre da minha mãe me ensinando mansamente: "Não se esqueça de agradecer; tudo o que você tem é porque alguém lutou por isso". Aquilo sempre fez parte da minha rotina. Não dizer obrigada depois de um favor ou presente era algo inimaginável para mim enquanto crescia. De vez em quando, eu me pegava imaginando o que faria se não tivesse minhas roupas, comidas, casa para morar e, pior ainda, como seria se não pudesse ir à escola. Na hora, sentia-me imensamente abençoada e dava muito valor a cada sacrifício que minha mãe fazia para que eu tivesse tudo isso.

A gratidão está relacionada à nossa percepção sobre nós mesmos e, mais ainda, à convicção gerada pelo Espírito Santo a respeito de quem somos n'Ele, e do que seríamos sem Ele! Por muitas gerações, o povo de Israel permaneceu escravo dos egípcios, sendo criados debaixo de uma cultura pagã, sem a presença do único e verdadeiro Deus. Estavam presos, esquecendo-se de quem realmente eram, sofrendo nas mãos dos faraós por centenas de anos. Quando finalmente foram libertos, atravessando o Mar Vermelho e presenciando sinais e milagres no caminho, o povo passou a reclamar continuamente do deserto, desejando até voltar à vida de escravos no Egito. Muitos não conseguem ser gratos, pois não compreendem de onde foram tirados nem o que seriam sem as bênçãos recebidas.

Repetir para o espelho: "Seja grato" ou separar alguns minutos por dia só para agradecer pode até ajudar, mas, certamente, não será o suficiente. A verdadeira gratidão não nasce apenas do esforço e disciplina, mas, sim, da revelação de quem Jesus Cristo é para nós. Quando realmente compreendemos que Ele abriu o caminho, sofrendo perseguição, traição, injustiças e uma morte terrível, para que tivéssemos acesso à presença do Pai, é impossível permanecermos indiferentes.

Muitas vezes, nossa ansiedade para sentirmos a presença de Deus e nossa pressa em termos um encontro sobrenatural acabam sabotando uma experiência nova com Ele. Queremos replicar o que já tivemos antes, desejando reviver um momento especial, sendo que Ele tem novidades diárias para nós. Nós nos esquecemos de ser gratos pelo que Ele já nos deu e, como crianças, simplesmente esperar n'Ele. Não precisamos de um próximo encontro, mas, sim, da revelação de Jesus em nosso coração, pois isso não se restringe a um momento específico, mas a uma vida cheia d'Ele.

A gratidão é o primeiro passo para uma vida de adoração e, consequentemente, de intimidade com Ele. No Tabernáculo de Moisés, o portão de entrada era o lugar onde aconteciam as ações de graças e, ali, vemos o povo de Deus se preparando para momentos incríveis. Que a gratidão seja sempre nosso combustível e nosso caminho para a Sua presença. Nada melhor do que estar com Ele e diante da Sua presença.

Gratidão é uma palavra muito pequena para todo esse sentimento que tenho dentro de mim, de olhar para minha história e ver que Deus nunca desistiu de me desejar, de esperar ansiosamente pela minha voz de manhã e pelo meu sorriso ao dormir em Seus braços.

Senhor Deus, obrigado(a) por sempre me dar novas chances para Te conhecer. Eu quero, todos os dias da minha vida, ter a perspectiva correta de quem Tu és para mim e quem eu sou para Ti. Quero sempre ter o coração cheio de gratidão para nunca ter falta da Tua presença em mim. Em nome de Jesus, amém.

GRATIDÃO

É UMA PALAVRA muito pequena para todo o SENTIMENTO

ANOTAÇÕES

Dia 19

SACRIFÍCIO VOLUNTÁRIO

Leia: Romanos 12.1-2 e Lucas 14.26-27

A palavra sacrifício geralmente carrega uma conotação pesada, pelo menos para mim. Quando criança, logo pensava em sofrimento quando ouvia esse termo. Nossa tendência como seres humanos é culpar a Deus pelos nossos sacrifícios, como quando dizemos: "Senhor, eu fui fiel até agora e o Senhor ainda não trouxe uma pessoa para eu me casar!"; "Senhor, tenho entregado meus dízimos e ofertas e ainda estou passando por essa crise financeira!"; "Senhor, eu tenho Te buscado, mas está dando tudo errado!". De alguma forma, achamos que nosso relacionamento com Deus é uma negociação. É um pouco duro ouvir isso, mas, muitas vezes, agimos dessa forma em nosso coração.

Tenho de reconhecer que, com o passar dos anos, comecei a ver a palavra "sacrifício" como parte do processo de uma conquista, e pode até ser! Sacrificar calorias para emagrecer, sacrificar dinheiro para investir e sacrificar tempo para estudar mais. Mas, em minha vida espiritual, não é assim que funciona: o sacrifício de louvor, o sacrifício do meu corpo e de quem eu sou é uma RESPOSTA, e não o caminho para receber o que tanto preciso. É claro que, se você se sacrificar na busca por mais de Deus, na leitura de Sua Palavra, e escolher passar tempo em Sua presença, você obterá novas revelações.

Quando falamos de intimidade com Deus, os sacrifícios começam a ser diferentes; não estamos mais nos sacrificando para ter algo em troca, estamos fazendo isso porque o que mais queremos é a Sua presença. Assim, sacrificar torna-se um estilo de vida, algo natural, que flui de nós por amor, e não por negociação, pois é passando tempo com alguém que nos tornamos como esse alguém; e quem foi o maior sacrificador de todos se não o próprio Deus?

Quando isso acontece, começamos não só a participar da glória de Cristo, mas, sim, dos Seus sofrimentos, não por masoquismo, mas por espontânea e livre vontade de sermos mais parecidos com Ele. As coisas do mundo perdem o brilho, as vozes da sociedade têm o seu volume abaixado, a aprovação dos outros é trocada pela aceitação do Pai bondoso. O sacrifício é, sim, dolorido, mas nada comparado com a alegria que encontramos em Sua presença. Às vezes, sacrificar é dar um passo no escuro, mas nada melhor do que segurar as mãos d'Aquele que nos ama. O sacrifício também é quebrantador de vez em quando, mas tudo isso nos leva a ter um caráter mais parecido com o de Cristo.

Que hoje retiremos do nosso coração a negociação pelas bênçãos de Deus, que vivamos verdadeiramente uma vida consagrada a Ele, sem esperar nada em troca, apenas a Sua presença. Que paguemos o preço mesmo que nos custe tudo, não para alcançarmos nossos próprios sonhos, mas para que nos tornemos UM com Ele. Vale a pena escolher uma vida de entrega absoluta, pois é só por meio dessa entrega completa que encontramos um mar profundo de Sua graça para mergulharmos.

*Senhor Deus, eu me determino, em meu coração,
a não negociar, mas a realmente ter um relacionamento
de amor Contigo. Não quero que meus sacrifícios sejam
para obter respostas, mas quero que minha vida seja
um sacrifício voluntário de amor a Ti. Ensina-me a ser
como Tu és, ensina-me a Te amar melhor.
Em nome de Jesus, amém.*

EU SOU UM SACRIFÍCIO

ANOTAÇÕES

Dia 20

CONTENDO A SUA PRESENÇA

Leia: 2 Coríntios 4.7-9 e Salmos 27

Quem nunca ouviu a expressão "tapar o sol com a peneira"? Quando era pequena, ouvia os adultos dizendo isso para descrever uma situação em que alguém estava querendo ocultar algo com medidas temporárias. Sempre que peneirava farinha, essa frase voltava à minha mente, até que um dia o sentido de "peneira" mudou para mim.

Estava perguntando para Deus por que as pessoas não conseguiam manter a Sua presença em seus corações. Eram inúmeras mensagens e conversas com pessoas que, no decorrer do tempo, perdiam o amor por Jesus e o interesse pelas coisas do coração do Senhor, ou sempre se sentiam vazias da presença d'Ele. Perguntei, então, a Deus o que poderia estar acontecendo, e Ele simplesmente disse: "O coração delas deve estar cheio de furinhos, como uma peneira".

Pela primeira vez, vi a peneira sendo usada numa analogia diferente. Desta vez, não estava relacionada com a mentira ou o ato de tapar alguma coisa, mas, sim, com uma incapacidade de conter algo por mais do que alguns segundos. Sabemos que, se derramarmos qualquer coisa sobre uma peneira, especialmente um líquido, não demorará muito para quase tudo passar pelos buraquinhos e não restar praticamente nada.

Com isso, percebi que o nosso maior problema nunca foi um espírito ou uma energia maligna, mas a presença de tantos "furos" em nossa alma. Se fosse apenas um espírito maligno, uma oração de libertação daria conta. Agora, um coração furado só pode ser restaurado com a cura da alma, ou seja, um processo nada instantâneo. Para a nossa geração imediatista, isso não é nada atraente. Raramente queremos pagar o preço da autoanálise, pois nos causa desconforto.

Não é por menos que nossos corações furados são incapazes de conter a presença de Deus por mais tempo. Quando nosso foco está em nós mesmos, em sermos como "fulano", aceitos por alguém "com a posição tal", sermos "especiais" ou melhores que todos, tudo isso mantém nossos furos bem abertos. Vivemos tentando conter o que Deus nos dá, em vez de permitir que Ele nos restaure, pois só assim a Sua presença em nós seria inevitável.

A intimidade com Deus está totalmente relacionada à nossa capacidade de conter Sua presença, de nos manter constantes em nosso andar com Ele. É difícil sermos constantes com Cristo quando estamos doentes em nossa alma, mas é através do poder do Espírito Santo e da nossa **permanência** em Sua presença que somos curados.

Que hoje possamos permitir que Ele venha e tape os nossos furos; que possamos liberar o perdão que nos refaz e permitir que Deus invada a nossa alma. Que entreguemos as nossas mágoas e experimentemos a verdadeira leveza da Sua alegria. Que os nossos corações sejam inteiros para carregar o mais valioso tesouro: Sua doce e poderosa presença.

Senhor Deus, eu quero sempre carregar a Tua abundante presença. Não quero ter coisas mal resolvidas em meu coração. Traga à minha memória aquilo que preciso perdoar, aquilo de que preciso me arrepender e o que me prende de ser inteiramente Teu(Tua). Cure o meu coração para que eu possa ser mais como Tu és. Em nome de Jesus, amém.

Presença de Deus

QUEM É VOCÊ?

ANOTAÇÕES

Dia 21

DEBAIXO DA SUPERFÍCIE

Leia: 1 Samuel 16.7; Jeremias 17.10 e Salmos 51

Sempre amei o frio. Desde pequena, eu sempre quis morar onde nevasse e, um dia, visitar o Polo Norte. Depois de um tempo, descobri o que era um *iceberg*, aquela montanha ou, de maneira mais técnica, uma grande massa de gelo flutuante que se desprendeu de um glaciar e foi levada pelo mar. O maior *iceberg* encontrado até hoje é chamado de A68, um bloco que se soltou da Antártida em 2017, pesa 1 trilhão de toneladas e tem 5,8 mil km², o equivalente à área do Distrito Federal, em Brasília.[1] Como a diferença de densidade envolvida é pequena, a maior parte da massa de um *iceberg* está submersa, sendo a parte visível cerca de 10% da massa total. Os *icebergs* flutuam na água do mar porque o gelo é menos denso do que a água.

---

[1] **Maior iceberg do mundo está prestes a chegar ao mar aberto**. Matéria publicada por Estadão em 7 de fevereiro de 2020. Disponível em *https://ciencia.estadao.com.br/noticias/geral,maior-iceberg-do-mundo-esta-prester-a-chegar-ao-mar-aberto,70003188954*. Acesso em julho de 2020.

Você já deve ter escutado a frase: "Isso é apenas a ponta do *iceberg*", significando que, em determinada situação, estamos vendo apenas 10% do que realmente está acontecendo. Enquanto os outros 90% permanecem ali, submersos na água. Eu diria que nós, seres humanos, somos como os *icebergs*. E é interessante como Jesus sempre focou Seus maiores ensinamentos nos 90%, pois era lá que Ele queria causar uma transformação profunda.

O que está debaixo da nossa superfície é de grande valor para Deus, já que é onde reside o nosso caráter, as nossas motivações reais, os nossos pensamentos e a nossa vida secreta. Este lugar também define nosso relacionamento com Ele, se vivemos aquilo que pregamos, e se por fora somos os mesmos que por dentro. Um grande desafio da nossa sociedade atual é trabalhar mais em nossos 90% do que em nossos 10%, pois o trabalho nos 10% é o que gera retorno imediato e, de alguma forma, preenche nossas carências e nos traz uma falsa aceitação.

Jesus Cristo sempre estava preocupado com as intenções do coração, por isso, em Mateus 5.20, quando Ele diz que a nossa justiça deveria exceder a dos fariseus, Ele estava falando do lugar das nossas motivações. Os fariseus eram pessoas corretas, justas e de boa moral, mas os seus corações estavam longe do Senhor. Sem querer, colocamos toda nossa energia em termos um bom comportamento, nos esforçamos para ser agradáveis, responsáveis, caridosos e assim por diante. Mas o nosso chamado é ir além disso; é realmente viver por dentro aquilo que vivemos por fora, sendo que o que está por fora só pode ser o resultado natural daquilo que contemos debaixo da superfície.

A intimidade com Deus está dentro dos 90%, um lugar onde ninguém nos aplaudirá ou nos afirmará. Lá, não existe mentira nem aprovação alheia, mas é o lugar onde a verdade reina e temos o imenso privilégio de trabalhar em nossos 90%. Deus anseia esse lugar; Ele AMA esse lugar em você. Talvez, por anos, você tenha tentado ser algo por fora para suprir sua infelicidade por dentro, mas é tempo de entender que Ele sempre está próximo do coração quebrantado.

Construa o seu "eu interior", desenvolva aquilo que você realmente é, e veja os benefícios que o andar diante dos olhos de Deus pode lhe proporcionar, pois é somente ali que somos satisfeitos.

Senhor Deus, obrigado(a) porque Tu vês meu coração. Mesmo quebrado e tão falho, Tu me amas. Não quero viver em função do que está na superfície, quero viver plenamente a Tua vida em mim. Abra os meus olhos para ser uma pessoa mais profunda em Ti, revela-me mais do Teu amor por mim. Em nome de Jesus, amém.

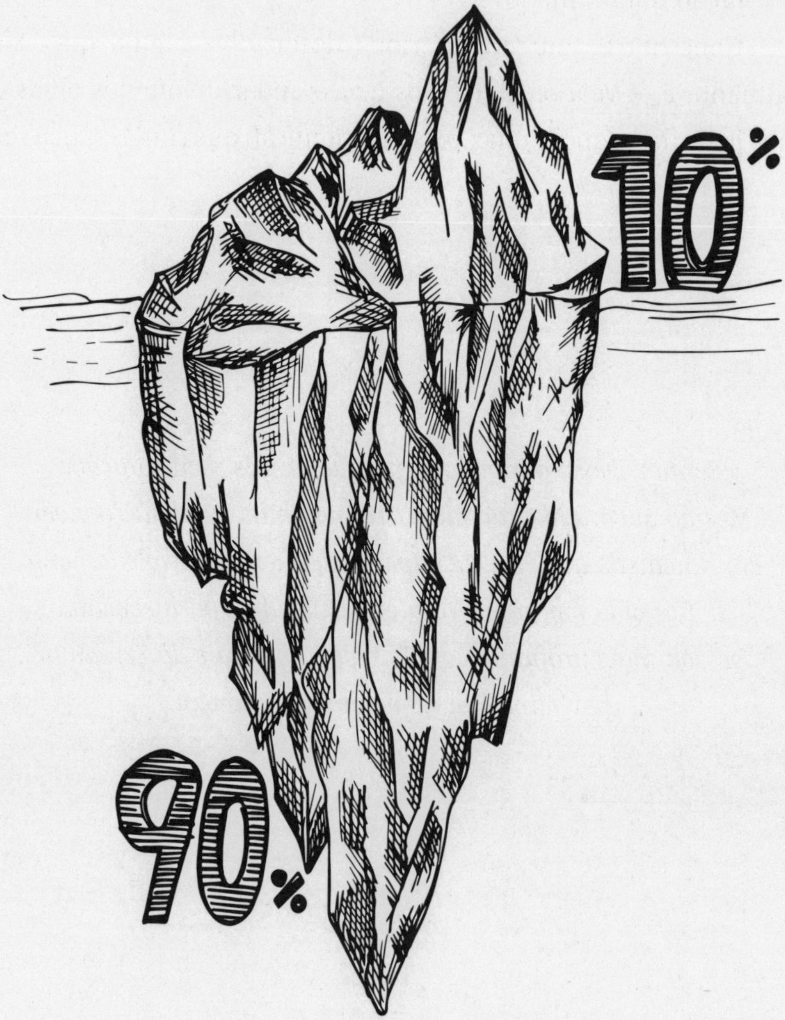
10%
90%

ANOTAÇÕES

Dia 22

CASA ARRUMADA

Leia: Colossenses 3.12-14 e Romanos 12.17-21

Não sou a pessoa mais organizada do mundo, mas me casei com uma das mais organizadas que já conheci. Ele diz que a lei da organização é tudo ter seu devido lugar e, sempre que sair dessa posição, o objeto deve retornar ao estado original imediatamente após o uso. Eu sou ótima para fazer aquela "faxinona", mas manter tudo no lugar é sempre o meu desafio. Ainda assim, a cada dia, tenho melhorado – pelo menos, eu acho (rs.).

Entendemos que, após o Novo Nascimento, nós nos tornamos lugar da habitação (casa) de Deus, o templo do Espírito Santo. E, por isso, somos também responsáveis pela sua organização: organização das nossas emoções, dos nossos pensamentos e, consequentemente, das nossas ações. Pessoas imaturas preferem fugir da organização, pois é mais fácil depender dos outros para colocar tudo em ordem. Assim, também em nossa vida espiritual e emocional, preferimos terceirizar nossa intimidade com Deus:

dependendo dos outros para que sejamos mais próximos d'Ele ou para nos ajudar com a nossa bagunça emocional e espiritual. Só que intimidade com Deus é algo intransferível; ninguém pode fazer isso por você, a não ser você mesmo.

Para arrumar a nossa casa interior, precisamos da ajuda do Espírito Santo, e também é necessário vestirmos a camisa da liderança de nossas vidas. Temos de sair do lugar reacionário e sermos protagonistas do que realmente está acontecendo. Ninguém é mais organizado do que o Espírito Santo. Pode não parecer quando começamos a andar com Ele, já que Ele é cheio de novidades a todo momento, mas, mesmo assim, toda vez, Ele encaixa tudo perfeitamente em seu devido lugar. E é por isso que precisamos tanto da Sua ajuda para colocar o nosso coração em ordem, entendendo onde precisamos consertar, tirar a poeira, jogar o lixo, adquirir novas ferramentas, limpar debaixo do tapete e, finalmente, perfumar a casa. Somos dependentes de Deus, mas, por outro lado, somos capacitados a tomar decisões que mudarão as nossas vidas. Escolhas, como: perdoar inúmeras vezes; amar o nosso inimigo; ter fé quando não enxergamos nada; confiar na Sua provisão; assumir riscos que Ele nos pediu; estender a mão ao necessitado e obedecer sem hesitar são decisões que colocarão em ordem o que está fora do lugar, pois Ele é, sim, um Deus de ordem, e anseia que Seus filhos sejam sempre como Ele.

Que hoje você seja cheio de coragem para arregaçar as suas mangas, chamar o seu grande Amigo, Espírito Santo, e perguntar: "O que podemos colocar em ordem hoje?". Tenho certeza de que Ele responderá a você acerca de muitas coisas com um grande sorriso! O nosso Deus amado nunca está nos acusando, mas sempre nos levando, através da Sua bondade, ao verdadeiro arrependimento. Ou seja, nos direcionando a verdadeiras mudanças em nossas vidas. Levante-se agora e seja o responsável por manter a casa em ordem. Esqueça o que lhe fizeram, você tem consigo o maior tesouro de todos: a Sua companhia. Lembre-se: não importa quão grande é a bagunça em que você se encontra, nada é tão difícil para Ele. Uma prateleira de cada vez, uma caixa de cada vez, um canto de cada vez e um dia de cada vez. Você nasceu para estar sempre em ordem com Ele.

Senhor Deus, obrigado(a) porque eu Te tenho em minha vida e posso contar Contigo. Mostra-me as áreas do meu coração que precisam ser organizadas, purificadas e alinhadas. Quero Tua ajuda, mas também quero me levantar em alegria e fé, hoje, pois eu sou amado(a) por Ti todos os dias da minha vida.
Em nome de Jesus, amém.

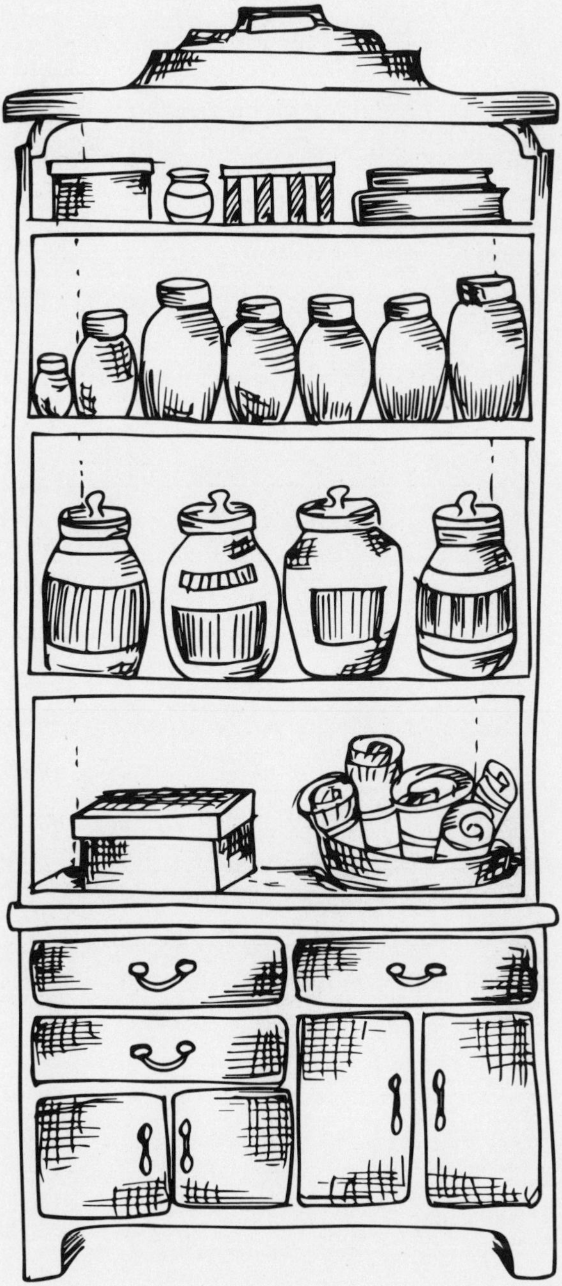

ANOTAÇÕES

Dia 23

ANTIADERENTE

Leia: Salmos 24 e Filipenses 4.8

Eu amo uma panela de qualidade. Curto muito as minhas frigideiras antiaderentes e sou ciumenta com as minhas caçarolas de ferro. Sou fã de cozinhar, e pesquiso meses para comprar panelas, pois, para mim, elas têm um grande impacto no preparo do alimento. Uma vez, ouvi uma pregação dizendo que nosso coração deveria ser como uma frigideira antiaderente, em que nada grudasse, nem as críticas nem os elogios. Isso, até hoje, me faz refletir sobre como a nossa carência nos deixa sem a nossa "antiaderência", já que ansiamos por um elogio e, por outro lado, nos machucamos tanto com a crítica.

Somos feitos para sermos aprovados pelo nosso Pai amado, que é em quem encontramos somente a verdade. É n'Ele que podemos achar um amor sem medida, uma paciência duradoura, o perdão abundante e a mais pura verdade, que pode, às vezes, doer, mas sempre nos liberta no final.

Imagine comigo quantas coisas a sociedade ou a própria vida tentam "grudar" em você diariamente? Do momento em que você acorda até o instante em que vai dormir, parece que as incontáveis cobranças e críticas nunca terminam, apesar de recebermos, de vez em quando, os elogios também. Muitas vezes, funciona de maneira tão inconsciente, por exemplo: você deixou uma crítica grudar e, por isso, aguarda ansiosamente por um elogio para se sentir melhor; você permitiu que um olhar feio o machucasse, e planeja arduamente algo para compensar seu complexo de inferioridade.

Pessoas íntimas de Deus Pai parecem ser protegidas por uma película antiaderente, e, por essa razão, levam a vida de maneira mais leve. Raramente pensam (e nem percebem) o que os outros estão falando e sentindo ao seu respeito. Entendem que têm sua própria velocidade, a velocidade escolhida pelo Espírito Santo, e aproveitam a jornada mais que o destino. Ao ouvirem um elogio, logo sabem repassar toda glória a Deus, porque entendem que vivem de uma graça imerecida. Ao receberem uma crítica maldosa, conseguem passar por cima e sacudir a poeira, pois a opinião do Seu Pai sempre prevalece. Depois de um longo e cansativo dia, são capazes de retornar para casa livres da opinião alheia e se escorar n'Ele, recarregando-se em Sua presença, pois Deus é, sim, o único que pode defini-las.

Oro diariamente para ser assim, completamente dependente de Deus. Mesmo em meio a tantas demandas, tenho aprendido que preciso proteger meu coração com unhas e dentes para, então, conseguir ouvir a Voz que realmente diz quem eu sou. Haverá dias em que estaremos muito fortes, outros, mais frágeis, mas permita que o óleo da alegria do Senhor recaia e passe sobre sua vida, tornando-o antiaderente àquilo que é negativo, e também livrando-o da vaidade do sucesso, porque, no final, somos todos únicos para o Senhor e amados por Ele. Quanto mais antiaderente o nosso coração, mais livre e leve nos tornaremos. Como é preciosa essa paz que encontramos n'Ele, quão grande é a alegria da aprovação do Pai todos os dias da nossa vida.

Deus Pai, que privilégio poder Te chamar de Pai querido. Lava o meu coração de toda dor do que me causaram, e também de todo orgulho que possa ter "grudado" em mim. Quero ser somente aquilo que o Senhor deseja, quero viver baseado(a) na Tua Palavra todos os dias da minha vida. Em nome de Jesus, amém.

QUE O MEU *coração* SEJA *antiaderente*

ANOTAÇÕES

Dia 24

SETENTA VEZES SETE

Leia: Mateus 18.21-35; João 17.21-23 e Efésios 4.31-32

Sempre que lia a passagem sobre o dever de perdoar setenta vezes sete, logo fazia a conta na minha cabeça e me imaginava perdoando 490 vezes. Com certeza, na vigésima vez, já teria perdido a conta! Perdoar é uma das lições mais difíceis que podemos aprender. Sem exceções, todo ser humano tem alguém para perdoar, nem que seja a si mesmo. O perdão é um ato de obediência à Palavra de Deus; é a entrega da nossa dor, tristeza e vingança nas mãos d'Ele. Não é um sentimento agradável em relação ao nosso inimigo, mas uma decisão de estar reto diante do Senhor, confiando, assim, em Sua justiça perfeita.

O maior problema durante o processo do perdão é a expectativa no próximo. É a espera que aquele que nos feriu irá se retratar, arrepender-se ou mudar. Essa espera pode durar uma vida inteira; nada garante que o nosso inimigo cairá em si e fará diferente. A garantia é que, se perdoarmos, nosso Pai nos Céus nos honrará pela nossa obediência.

Os benefícios do perdão só aparecem quando perdoamos livremente, sem esperar nada em troca, liberando todas as nossas expectativas. Agora, o que exatamente seria liberar expectativas? Ser cínico? Cético? Parar de ter amigos próximos? Esperar sempre o pior dos outros? Não. Liberar expectativas é esperar mais de Deus do que da humanidade frágil das pessoas. É saber que independentemente do que acontecer, Ele nunca falhará.

Jesus olhava os discípulos com verdade. Mesmo sabendo de todos os defeitos que tinham, Ele torcia para que cada um deles acertasse. Ele amou Judas como amou João. Isso não quer dizer que não sabia que Judas O trairia, e, sim, que Sua expectativa estava no coração do Pai. Ainda assim, Cristo ofereceu muitas chances para que ele mudasse a sua mente. O simples fato de amá-lo sem julgar já era a maior chance que Judas poderia receber. E apesar do seu erro, ele continuou recebendo chances até o momento em que tirou a sua própria vida. Deus Pai, Jesus e o Espírito Santo vivem na torcida para que acertemos. Por que, então, não ficamos na torcida pelos outros? Temos medo de nos decepcionar por já termos sido machucados. Preferimos nos guardar através da distância a correr o risco do amor. Preferimos nos isolar a estender a mão e dar mais uma chance. Preferimos o controle daquilo que acontece a nós aos ajustes que qualquer relacionamento sempre exigirá.

O maior desejo do Pai é que tenhamos o coração como o d'Ele. Um coração que sempre enxerga esperança onde não existe nada, que vê a cura em meio à doença, paz em meio ao caos. O amor verdadeiro não é cego. Jesus é o amor genuíno, e n'Ele não há sombra, não há escuridão e muito menos cegueira. Quando Ele nos olha, é com toda a verdade que existe. Ele vê do que somos feitos, mas escolhe nos aceitar e nos ajudar a ser transformados. Quando olhamos para o nosso próximo, vemos aquilo que queremos ver, seja bom ou ruim. Raramente conseguimos enxergar através das lentes de Cristo; mas quando o coração começa a ser transformado, naturalmente, a nossa visão muda.

    O segredo de liberar expectativas das pessoas é ter a visão clara de Deus e sentir o Seu coração por aquele alguém. Dessa maneira, quando a decepção chega, ela não nos arrebenta. Pode, talvez, nos pegar de surpresa, mas nunca nos destrói. Comece, hoje, sendo livre da mágoa, da dor e da decepção, deixe o Amor do Pai entrar em seu coração e libertá-lo verdadeiramente.

Deus Pai, ensina-me a perdoar como fui perdoado por Ti. Dê-me sabedoria também nas minhas escolhas, e que eu aprenda através de cada situação. Ensina-me a enxergar o meu próximo como o Senhor o vê. Obrigado(a) pelo Teu amor por mim e por sempre me perdoar. Em nome de Jesus, amém.

PERDOAR

é a maior

LIBERTAÇÃO

ANOTAÇÕES

Dia 25

REGANDO A GRAMA

Leia: Gálatas 6.8; 2 Coríntios 9.6 e Mateus 13.1-20

Você já deve ter espiado a "grama do vizinho" e visto que era mais verde que a sua, não somente uma, mas muitas vezes na vida. Hoje, com a exposição de tantas "gramas" *on-line*, passamos a alimentar um hábito de comparação. Às vezes, nem estamos conscientes disso, mas, sem perceber, lá estamos nós, comparando nossas vidas com a dos outros. Antigamente, existia, sim, comparação, mas o acesso à grama do vizinho era mais limitado, e também vinculado à convivência, e não ao fato de simplesmente podermos checar o perfil virtual de alguém, como é hoje em dia.

A comparação com o próximo tem regido muitos corações, levando tantos à infelicidade no seu presente e fazendo com que foquem todas as forças em ser mais, ter mais e fazer mais. Sem perceber, temos esquecido que a nossa grama é totalmente única e diferente das outras ao nosso redor. Não podemos cuidar do nosso jardim de verdade se estamos focados nos jardins dos outros. Não conseguimos ver as ervas daninhas que crescem enquanto estamos olhando as ervas daninhas dos outros também, nem conseguimos adubar a terra quando a nossa energia está desgastada ao pensarmos que ainda não "chegamos lá".

Aprendi, nestes poucos anos de vida, que quando concentro minhas energias em plantar aquilo que é do Espírito Santo, nem sobra tempo para ver o que está acontecendo no jardim alheio. É tanto trabalho e tanta visão que Deus tem para a minha vida que, sem me dar conta, tudo gira em torno de Jesus, e ali encontro minha maior satisfação. Precisei e ainda preciso aprender que o meu jardim é único, que as ferramentas que eu tenho são as que Ele mesmo me deu, que as flores plantadas foram escolhas minhas e que elas não vão florescer se eu não cuidar delas intencionalmente.

Como você tem regado o seu jardim? Com alegria, ou com tristeza, porque a grama do vizinho já está florescendo mais? Como você tem encarado a terra em que se encontra? Com gratidão ou, talvez, com uma ansiedade de ter mais flores ou cores diferentes? É tempo de trabalharmos naquilo que Deus já nos deu, sermos fiéis com aquilo que já se encontra em nossas mãos e, a partir disso, vermos os milagres acontecerem. Talvez, nesses últimos tempos, o seu jardim tenha sido esquecido por causa das tribulações, preocupações e ansiedades, mas é tempo de retornarmos para o cuidado próprio. É tempo de limpar as ervas daninhas, de podar as árvores, de adubar a terra e de cortar a grama. É tempo de perdoar, de aprender o contentamento, de ver que aquilo que Deus lhe dá é o melhor para **você**, mesmo que seja diferente do que Ele dá para o outro. É tempo de muita gratidão, pois é a alegria do Senhor que nos faz viver o hoje perfeitamente, sem medo do futuro. Você pode ser novo ou idoso, a grama dos outros sempre estará presente em sua vida, de formas pequenas ou grandes, mas o maior Jardineiro está bem aqui: ao seu lado, sorrindo, pois ainda há muito trabalho e flores para florescer.

Senhor Deus, ensina-me a cuidar do nosso jardim, do meu coração e daquilo que já tens me dado. Perdoa--me por, muitas vezes, eu ter me comparado com os outros e esquecido que sou único(a) para Ti; que tenho tudo o que preciso em Ti. Dá-me a Tua visão de mim mesmo(a), ensina-me o contentamento em todas as minhas estações. Em nome de Jesus, amém.

CUIDAREI sempre DO MEU jardim

ANOTAÇÕES

Dia 26

DE GRÃO EM GRÃO

Leia: 2 Coríntios 3.2 e Pedro 1.5-8

Quando eu era criança, recebia uma mesada, que guardava até ter o suficiente para comprar algo incrível. Lembro que quando morávamos na Inglaterra, ganhava uma libra por semana e, para mim, isso era muito dinheiro. No final do mês, escolhia com cuidado os itens que conseguiria comprar com 4 libras. O meu irmão, por outro lado, ao término do mês já havia gastado tudo.

Você já deve ter ouvido que "de grão em grão a galinha enche o papo", mas talvez nunca tenha pensado nisso em relação à intimidade com Deus. Eu diria que cada grão é um momento com Deus, e que depois de muitos anos, ao olharmos para trás, vemos toneladas de "grãos" colecionados em Sua presença. Cada grão é um "sim" que dizemos a Ele, um pedido de perdão, um abraço recebido do Pai, uma canção espontânea que entregamos a Ele, um jejum voluntário e alegre, ou um dia sem interrupções com Ele.

Todos os dias da nossa vida, temos a escolha de guardar um grão ou de ignorá-lo, pensando que é muito pouco; temos a opção de crer que cada momento é importante ou só esperar por momentos gigantes para nos satisfazer. A intimidade com alguém, e muito mais com Deus, é desenvolvida através de pequenos momentos colecionados, e não de imensos passos de vez em quando.

Vejo muitos cristãos que não fazem isso e, por essa razão, vivem uma vida limitada na presença de Deus. Querem um evento na Sua presença, então, programam-se para um retiro, uma conferência ou uma semana de jejum, que são todas coisas boas para a nossa vida espiritual, mas não nos alimentam diariamente. Depois de voltarem desses eventos estrondosos, aos poucos, retornam à rotina de ativismo, de correria e pouco tempo na presença de Deus, pensando: "Ah, depois colocarei isso em dia, é que hoje a demanda está grande, meus filhos não param de correr pela casa, estou trabalhando muito ou estou em viagem".

Quando entendermos que o pouco, mas consistente e constante, faz toda diferença, começaremos a viver de forma diferente. Não é sobre quantidade, mas constância e fidelidade a Deus. Ao olharmos para a vida dos grandes homens e mulheres de Deus, vemos uma coisa em comum: eles eram fiéis no secreto e fiéis no público. Fidelidade não é só uma emoção ou surto de lealdade repentinos, mas uma constância em nossas decisões, em cumprir a nossa palavra mesmo quando ninguém está nos cobrando e olhando. Fiel em ter tempo em Sua presença, em ler a Bíblia e se aquietar em oração. Fiel em manter o coração puro mesmo quando injustiçado, perdoar mesmo quando dói muito. Fiel em ter lábios puros, não falar nada que não construa e edifique. Fiel nos nossos pensamentos, sabendo que Ele lê toda a nossa mente e sonda as nossas motivações.

Nós pedimos por mais de Deus, mas será que podemos começar com o pouco hoje? Será que conseguimos ser fiéis nos pequenos passos? Comece, hoje, com um grão somente, e amanhã mais outro e, daqui a pouco, você se verá em um novo nível com Ele, e testificará a sua vida transformada. Vale a pena cada pequeno grão!

*Senhor Deus, obrigado(a) pelo Teu amor,
por cada momento em Tua presença, por cada "grão"
que colho lá. Quero valorizar mais a Ti, quero ser
constante em cada dia da minha vida. Eu Te amo!
Em nome de Jesus, amém.*

INVISTA no ETERNO

moeda do céu

ANOTAÇÕES

Dia 27

ENRAIZADO

Leia: Salmos 1 e Mateus 7.1-29

Sou fascinada por árvores. Se você conhece minhas pinturas, provavelmente já percebeu isso. E uma das plantas que me ensinam muito é o bambu: singelo e simples, mas cheio de analogias para a vida. Não é para menos que na Bíblia existem tantas passagens que falam de árvores, seus frutos e suas raízes, pois, de forma geral, a natureza reflete o seu Criador.

O bambu é uma das plantas mais resistentes que existem. Quando os vendavais vêm, ele se curva, mas não quebra. O bambu sempre cresce junto com outros bambus, é resistente até com o peso da neve que recai sobre ele, pode ser utilizado em construções e outros recursos naturais. Mas o que mais me fascina nele é que, depois de plantada a semente, não se vê nada. Durante cinco anos, todo o crescimento é subterrâneo, invisível a olho nu, mas, ali, forma-se a sua raiz. Após todo esse tempo, então é que o bambu começa a aparecer por fora, e a razão de não quebrar facilmente é porque a altura do tronco maduro acima da terra é a mesma profundidade da raiz embaixo.

Ser enraizado em Deus deveria ser o alvo intencional de todo cristão, mas a raiz é sempre um lugar escondido e escuro, em que muitos evitam investir. Queremos crescer por fora, onde finalmente o nosso próximo poderá ver o nosso valor, pois debaixo da terra não existe ninguém a não ser nós mesmos e Deus. Estar com as nossas raízes em Deus é estar totalmente escondido em Cristo, onde bebemos e nos alimentamos d'Ele. É o lugar onde dependemos da Sua presença e, também, do Seu tempo perfeito. Ali, a nossa velocidade não conta e, muito menos, o nosso ego. Por outro lado, quando estamos enraizados n'Ele, somos inabaláveis; os vendavais e tempestades podem nos curvar, mas nunca nos quebrar; podemos ser delicados, mas aguentamos o peso que a vida pode nos trazer, pois estamos enraizados – somos tão grandes por dentro quanto somos por fora.

Nossa intimidade com Deus acontece nesse lugar de enraizamento, onde não existe a luz da sociedade, mas só nós e Ele. É ali que construímos os fundamentos da nossa vida e entendemos que nada somos sem Ele. E quando recebemos essa revelação, compreendemos que somos a árvore que, no Seu tempo perfeito, gera os bons frutos, enquanto Ele é o nosso solo, alimento e fundamento.

Que hoje você seja encorajado a permanecer n'Ele, perseverar no solo que está plantado e, assim, crescer por dentro, pois é só isso que o sustentará a longo prazo. Não importa o quão grande estamos por fora, se por dentro não encontramos nossa vida escondida em Cristo. Tome tempo para examinar suas raízes, para analisar como anda sua profundidade em Jesus e torne-O a sua maior prioridade. Você nasceu para ser inabalável, para superar seus obstáculos e, tudo, de mãos dadas com o seu Criador. Mas isso é impossível se você não tiver sua mente transformada e se alimentando da presença d'Ele. Nunca é tarde para se enraizar mais uma vez n'Ele e permanecer ali. É o seu destino e seu *habitat* natural.

Senhor Deus, me determino em meu coração a estar enraizado(a) em Ti. Determino-me a saber que Tu és a fonte de tudo o que eu preciso, e que, se estiver em Ti, serei inabalável. Quero me esconder em Ti e aprender a amadurecer com saúde espiritual, ser tudo que Tu planejaste para mim. Ajuda-me a deixar que o Teu tempo perfeito e Tua maneira perfeita aconteçam em minha vida. Em nome de Jesus, amém.

ESCREVA ONDE E/OU NO QUE VOCÊ PRECISA ENRAIZAR A SUA VIDA

ANOTAÇÕES

Dia 28

NO DESERTO

Leia: 1 Reis 19.1-17

Quantas vezes não falamos para Deus: "Eu não aguento mais!"? E não estamos sozinhos dizendo isso, até o grande profeta Elias se sentiu dessa forma. Deus havia dado vitória para ele contra os profetas de Baal, mas logo a rainha Jezabel foi atrás dele para matá-lo. Elias, então, fugiu para o deserto, cansado de tanta perseguição e afronta daquela mulher maligna. Ao chegar no deserto, Elias foi alimentado e fortalecido por um anjo, pois mesmo no meio da nossa batalha o Senhor traz a Sua provisão. Mesmo diante da nossa desistência, falta de fé e coragem, o Senhor ainda nos traz o alimento para continuarmos. E não só uma, mas duas vezes o anjo do Senhor tocou e fortaleceu Elias por 40 dias.

O número 40 significa "ser testado, provado através do tempo", e também representa o equivalente a uma geração. Pela Bíblia judaica, nem sempre os 40 dias eram literais, mas, ao mencionarem "40 dias", isso expressava MUITO tempo, e estava sempre ligado a uma provação.[1] Ali, Elias foi levado para o Monte Horebe, ou Sinai, como também era conhecido, que quer dizer: "um lugar árido e vazio". São esses lugares áridos que criam espaço para que o Senhor fale conosco; é em nossas provações que Deus tem, finalmente, a nossa atenção para que O escutemos.

Então, quando Deus escolheu falar com Elias, primeiramente chamando-o para fora da caverna na qual ele se encontrava (em quantas cavernas na sua vida espiritual você já se escondeu?), de repente, veio um vento, um grande terremoto e, depois, um fogo. Deus não estava em nenhuma dessas coisas. Foi quando, após um tempo, veio um sussurro, e ali Deus estava. Quantas vezes nos viciamos em um tipo de comunicação que Deus usou em algum momento e nos prendemos àquilo? Mas somente uma pessoa íntima do Senhor consegue discernir verdadeiramente onde Ele está e o que está fazendo.

O vento, o terremoto e o fogo são todas figuras que representam o mover do Espírito Santo, e isso pode nos trazer confusão. Podemos achar que estamos vivendo algo incrível, mas talvez Ele não esteja presente. Podemos pensar que, por causa de resultados visíveis, estamos no caminho certo, porém, quem sabe, estamos sem a Sua presença. Nos capítulos anteriores do livro de 1 Reis, o Senhor já havia mandado, literalmente, chuva e fogo do céu, mas Ele ainda escolheria como se comunicar com Seu filho Elias. Ali, no SUSSURRO, numa voz mansa e delicada,

---

[1] CHEN, Christian. **Os números da Bíblia**. Vol. 1: Moisés, os números e nós. 1. ed. Belo Horizonte: Tesouro aberto, 2001. Mais informações sobre o assunto podem ser encontradas também na matéria **Forty, the number**, publicada por Jewish Encyclopedia. Disponível em *http://www.jewishencyclopedia.com/articles/6248-forty-the-number*. Acesso em agosto de 2020.

o Senhor FALA com Elias. Na simplicidade, na humildade, na pureza era onde o Senhor se encontrava, e onde Ele queria se comunicar com Seu filho querido.

Não importa em qual deserto você se encontre, o importante é que agora é uma oportunidade para Deus falar com você da maneira que Ele desejar. Agora é a hora de realmente quebrar a caixa do seu relacionamento com Ele, deixando-O levar você para lugares novos em Sua presença. Está difícil, mas nada é difícil demais para Ele. Ele está aqui, trazendo a provisão necessária a você, mas, mais do que isso, Deus está querendo a sua atenção e sua simplicidade em se entregar a Ele. Os desertos não são defeitos em nossa vida, fazem parte da nossa jornada de intimidade com Ele e são indispensáveis para aqueles que anseiam ser profundos em seu amor por Deus. Persevere, pare e escute o que Ele está dizendo em seu silêncio. Você é amado e nunca desamparado.

Senhor Deus, muito obrigado(a) pelos desertos que já atravessei e por aqueles que um dia atravessarei, pois eles me levam para mais perto de Ti. Ensina-me a viver plenamente meu relacionamento Contigo, não quero ser superficial em nossa comunicação. Quero aprender a Te ouvir, no tempo certo e da Tua maneira. Amo a Tua presença. Em nome de Jesus, amém.

ESTE DESERTO
florescerá

ANOTAÇÕES

Dia 29

PÃO FRESCO

Leia: João 6.35-68 e Deuteronômio 8.3

Uma vez me perguntaram: "Se o amor fosse um alimento, qual seria?". Logo veio em minha mente um pão macio, quentinho, saindo do forno com manteiga derretendo. Pão é um dos alimentos mais antigos que o homem consome, e até hoje é algo comum para a maioria das pessoas; ele traz uma sensação de "conforto" e "lar" com a qual talvez poucos não se deliciem. Quando leio na Bíblia que Jesus é o pão que desceu do Céu, entendo que Ele é a razão da minha satisfação, a fonte do meu melhor alimento. Agora, vamos pensar que, ao construirmos intimidade com Deus, temos acesso a esse pão espiritual e, por meio d'Ele, podemos ser supridos em todos os sentidos.

Imagine se você fosse dono de uma padaria e tivesse somente pão amanhecido, duro e velho? Aposto que o seu estabelecimento não teria muito sucesso e logo fecharia. O cheiro de pão fresco atrai o comprador para dentro da loja. Ninguém quer um pão velho, mas o mais fresco do dia.

Muitos, quando conhecem a Cristo, encontram pão fresco em Sua presença todos os dias, estão famintos e cheios de expectativa. Todavia, à medida que o tempo passa, a vida parece ficar mais corrida e, sem perceber, eles se encontram comendo o pão do dia anterior e até o do mês passado. Nunca compraríamos um pão da semana passada, então, por que nos contentamos com as revelações antigas de Deus para nossa vida? É claro que o que Ele faz é eterno, e a revelação da década passada tem o seu valor, mas nascemos para usufruir de revelações diárias, de momentos únicos e constantes em Sua presença.

Jesus, o pão da vida, sempre está disponível. Cheiroso, atraente e bem disposto, esse é o nosso Amado. N'Ele, nunca falta amor, paz e perdão ao nos encontrar diariamente. Mas o que precisamos é do entendimento de que Deus não tem o pão do mês retrasado para nos oferecer, mas, sim, "o pão nosso de cada dia". Não quero coisas velhas, quero o fresco deste dia! Não quero ter um testemunho de dois anos atrás, quero um testemunho fresquinho, quero uma história recente e cheia de vida com Ele!

O que revela a nossa verdadeira intimidade com Deus é o quanto de pão fresco carregamos diariamente para distribuir ao mundo faminto ao nosso redor. Se alguém na rua precisasse de uma oração, você teria uma revelação fresca para oferecer a essa pessoa? Se, de repente, você tivesse uma oportunidade de falar algo, teria uma história fresca com Cristo para compartilhar?

Os grandes momentos da vida não são planejados, são preparados sem data de término, no dia a dia, na constância e na fidelidade. Assim também nossa intimidade com o Senhor é alimentada em Sua presença diariamente, e não para um fim em si, mas pela jornada de vida com Ele.

Que, em todos os dias da sua vida, você encontre pão fresco em Sua presença e, ao receber desse pão, consiga distribuir aos outros, pois que alegria é poder repartir o que tanto recebemos. É tempo de olharmos para o novo que está AQUI, e não no futuro; o novo que Ele tem derramado no dia de hoje, pois já está "cheirando" maravilhosamente bem! Estou empolgada, e você?

*Senhor Deus, muito obrigado(a) pelo pão da
Tua presença, pela satisfação que encontro em Ti.
Obrigado(a) por nunca desistires de mim e sempre
estares disponível. Quero ter mais fome por Ti. Não
me contentarei com pouco, quero a porção de hoje por
completo e usufruir do que tens para mim.
Em nome de Jesus, amém.*

PÃO FRESCO

todo dia

ANOTAÇÕES

Dia 30

FONTE INESGOTÁVEL

Leia: Salmos 36.5-9 e João 4.9-24

Já assisti a filmes em que rios mágicos traziam juventude eterna, árvores davam dinheiro, quartos de uma casa produziam sonhos e até joias traziam poderes especiais. Parece que ansiamos, de alguma forma, pela segurança de algo que nunca vai falhar, algo em que podemos depositar nossa confiança e encontrar tudo o que precisamos. Pensamos: "Quem dera, eu tivesse isso! Quem dera, não precisasse mais sofrer assim!". E esses pensamentos nos cegam acerca de uma grande realidade: já temos tudo o que precisamos.

Até hoje, a frase do pai conversando com seu filho mais velho, na parábola do filho pródigo, em Lucas 15.31, desperta a minha atenção: "Tudo o que eu tenho é seu, filho [...]". O filho mais velho nunca havia deixado o seu pai, mas continuava infeliz ali, sem usufruir de tudo, pois permanecia se sentindo rejeitado. Já fomos, um dia, como o filho pródigo, quando conhecemos a

Jesus e retornamos à casa do Pai. Mas a maioria de nós, com o tempo, torna-se como o filho mais velho, que não tem a revelação dessa fonte inesgotável que existe em Cristo. Clamamos por isso e aquilo, depositamos nossas energias para conquistar e ter mais, a fim de provar algo para os outros, e parece que, no final, novamente nos encontramos com sede e insatisfeitos.

A fonte, que é Jesus em nossa vida, nunca acabará, a Sua presença nunca rejeitará um coração quebrantado, o Seu amor nunca falhará em nos receber. Mas essa fonte não satisfaz desejos carnais nem motivações erradas, ela alimenta apenas o espírito humilde que deseja mais d'Ele.

Já se passaram 29 dias desde que você começou este livro de devocional, e espero que Deus tenha falado com você nestas páginas, mas agora é sua responsabilidade continuar constante em seu devocional e no tempo que passa na presença de Deus. Jesus Cristo é uma fonte inesgotável em sua vida; tudo o que você precisa, pode ser encontrado em Sua presença.

Ter essa revelação é uma das coisas mais preciosas da vida, pois quando sabemos que temos Alguém que nos saciará, tudo muda. O peso dos bens materiais e das conquistas pessoais; as palavras dos outros e os parâmetros da sociedade perderão suas forças sobre nós, e, ali, com Ele, nos encontraremos com uma Fonte que nunca acabará. Uma Fonte de amor, de paz, alegria, provisão, cura, ânimo, de tudo o que pudermos imaginar, e ainda mais.

Não recebemos essa revelação só sobrenaturalmente, mas muito mais pelo exercício da nossa fé. Quando ACREDITAMOS que Deus é tudo o que precisamos, quando damos mais atenção ao que Ele diz do que àquilo que o nosso medo, orgulho e teimosia falam. É tempo de correr atrás dessa Fonte assim como a mulher samaritana de João 4, que ansiava por um lugar seguro e encontrou em Cristo tudo que precisava. Depois de todos esses dias que você passou segurando e preenchendo este livro, é hora de levantar e trilhar uma jornada individual de intimidade com Deus.

Agora é a sua vez de deixar de lado o que o satisfaz superficialmente e encontrar nos Seus olhos de amor a Fonte que nunca se esgotará. Ele, ansiosamente, chama você para esse lugar de contentamento, de satisfação e alegria; Ele é sua fonte inesgotável todos os dias da sua vida. Que privilégio saber que não precisamos correr atrás do vento nem andar em círculos, mas podemos, HOJE, encontrar tudo o que necessitamos aos Seus pés. Que honra ser chamado somente para Ele, e também poder dizer que Ele é nosso!

Senhor Deus, muito obrigado(a) porque o Senhor é a Fonte inesgotável, a Fonte da minha alegria, da minha paz e de tudo o que preciso. Abra os meus olhos para enxergar que tudo o que necessito já posso encontrar em Ti. Ensina-me a ter mais sede de Ti. Troque o meu coração, às vezes, endurecido, por um coração quebrantado, que é apaixonado por Ti todos os dias da minha vida. Em nome de Jesus, amém.

TODAS AS *minhas fontes* ESTÃO EM TI

ANOTAÇÕES

SOBRE A AUTORA

Zoe Lilly é autora dos livros *A casa da porta vermelha* e *À mesa com Ele*, que têm levado milhares de pessoas a um encontro íntimo e pessoal com Deus. Também é líder do ministério de adoração Altomonte, e uma das pastoras da Zion Church.

Entre quadros, livros, músicas, *blogs*, álbuns e *workshops*, ela ainda arranja tempo para inventar doces, salgados e piadas internas com seu marido. Mora em São Paulo com seu esposo Israel, sempre à procura de novas cores no céu, nas pessoas e em seus surpreendentes encontros com a presença de Deus.

Este livro foi produzido em ITC Veljovic 12 e impresso
pela Gráfica Promove sobre papel Pólen Natural 70g
para a Editora Quatro Ventos em setembro de 2023.